中等职业教育课程改革"十四五"规划教材

会计基本技能

主　编　○柳海霞　罗　艳　赖嘉苗
副主编　○贾莹莹　李林洁　王　艳
参　编　○李丽华　盖　博

图书在版编目(CIP)数据

会计基本技能 / 柳海霞，罗艳，赖嘉苗主编.
上海：立信会计出版社，2024.8. -- ISBN 978-7-5429-7670-3

Ⅰ．F230

中国国家版本馆 CIP 数据核字第 2024PC3240 号

策划编辑	王斯龙
责任编辑	王斯龙
助理编辑	汤　晏
美术编辑	吴博闻

会计基本技能

KUAIJI JIBEN JINENG

出版发行	立信会计出版社		
地　　址	上海市中山西路 2230 号	邮政编码	200235
电　　话	(021)64411389	传　真	(021)64411325
网　　址	www.lixinaph.com	电子邮箱	lixinaph2019@126.com
网上书店	http://lixin.jd.com		http://lxkjcbs.tmall.com
经　　销	各地新华书店		
印　　刷	上海华业装璜印刷有限公司		
开　　本	787 毫米×1092 毫米	1/16	
印　　张	10		
字　　数	130 千字		
版　　次	2024 年 8 月第 1 版		
印　　次	2024 年 8 月第 1 次		
书　　号	ISBN 978-7-5429-7670-3/F		
定　　价	35.00 元		

如有印订差错，请与本社联系调换

前　　言

本书以岗位职业能力和职业技能训练为目标，以会计技能竞赛规程为指导进行编写，是一本适合中职学生学习、训练的教材。

"会计基本技能"是中等职业学校会计事务专业的主干课程之一，也是财经类各专业的通用技能课程。本书以岗位任务为驱动，以技法学习为主线，强调理论与实际相结合，力求每个任务有图文、有步骤，突出了精讲多练，加强对学生基本技能和动手能力的培养，注重实践性，体现职业教育的要求，突出职业技能特点，增强学生的岗位适应能力。

本书共分六个项目，包括会计数字的书写及应用、传票算技能、单据录入技能、五笔输入法技能、手工点钞技能和实训练习。课程建议分两个学期进行教学，共80个学时，4个学分。每个项目分多个任务进行讲解。其中，项目一至项目五设有训练目的、训练内容、学习评价等，适合学生自学；项目六为综合实训，注重每个技能的日常训练和综合提升。本书注重会计基本技能讲解和训练，讲练结合、图文并茂，使教学内容更直观易学。

本书有以下三个特色：

1. 较强的操作性。根据中职学生的年龄和认知特点，我们在编写过程中强调理论与实践相结合，每一个项目做到图文并茂，力求真实、直观、简便。

2. 较多的训练题。会计基本技能的学习重在操作规范、贵在持之以恒。无论是会计数字书写，还是翻打传票、单据录入和手工点钞，本书突出精讲多练，配合每天、每周的练习和实训，加强对学生动手能力的培养。

3. 更好地体现职业要求。本书注重会计基本技能中中文数字盲打、手工点钞指法的职业要求，突出职业技能的特点，努力培养出心理素质较强、综合技能过硬的合格中职学生。

本书由柳海霞、罗艳、赖嘉苗担任主编，贾莹莹、李林洁、王艳担任副主编。本书的编写分工如下：柳海霞、王艳负责项目二、项目三、项目四的编写和完善，李林洁、李丽华、罗艳负责项目一的编写和完善,赖嘉苗和贾莹莹负责项目五、项目六的编写和完善,柳海霞负责书稿的总体审核定稿。在编写的过程中,本书借鉴了大连爱丁数码公司(以下简称爱丁数码)提供的相关资料,还有其他老师的指导和帮助,在此致以衷心的感谢。

由于编者水平和经验有限,书中可能存在不足之处,恳请读者批评指正。

编者

2024 年 8 月

目　　录

项目一　会计数字的书写及应用 ··· 001
  - 任务一　阿拉伯数字的书写 ··· 003
  - 任务二　汉字大写数字的书写 ··· 007
  - 任务三　大小写金额的书写 ··· 009
  - 任务四　会计书写在财务工作中的应用 ··································· 014

项目二　传票算技能 ··· 021
  - 任务一　技能训练指导 ··· 023
  - 任务二　技能训练步骤 ··· 033
  - 任务三　技能训练方法 ··· 036

项目三　单据录入技能 ··· 043
  - 任务一　单据录入前的准备工作 ··· 045
  - 任务二　利用爱丁平板进行单据录入训练 ································· 048
  - 任务三　会计技能竞赛规程范例 ··· 054

项目四　五笔输入法技能 ··· 059
  - 任务一　五笔字型的结构 ··· 061
  - 任务二　五笔字型字根 ··· 064
  - 任务三　五笔输入法汉字的拆分 ··· 066
  - 任务四　五笔简码的输入 ··· 069
  - 任务五　五笔词组的输入 ··· 072

项目五　手工点钞技能 ·· 075
任务一　验钞知识 ··· 077
任务二　手工点钞实操 ··· 085

项目六　实训练习 ·· 105
任务一　会计数字书写及运用 ·· 107
任务二　翻打传票 ··· 127
任务三　五笔打字练习 ··· 147

项目一

会计数字的书写及应用

任务一　阿拉伯数字的书写

一、训练目的

掌握阿拉伯数字的标准写法,做到书写规范、清晰、流畅。

二、训练内容

(一)数字书写的标准写法

(1)数字应当一个个地写,不得连笔写。
(2)字体要各自成形,大小均衡,排列整齐,字迹工整、清晰。
(3)有圆圈的数字,如:6、8、9、0等,圆圈必须封口。
(4)同行的相邻数字之间要空出半个阿拉伯数字的位置。
(5)每个数字要紧靠凭证或账表行格底线书写,字体高度占行格高度的1/2以下,不能写满格,以便留有改错的空间,如图1-1所示。

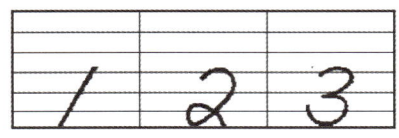

图1-1　数字的书写格式

(6)"6"字要比一般数字向右上方长出1/4,"7""9"字要向左下方(过底线)长出1/4,如图1-2所示。

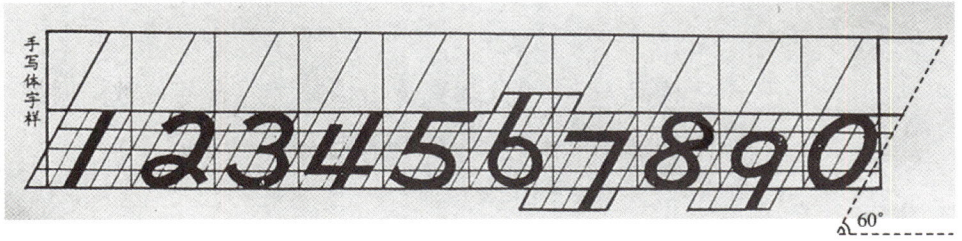

图1-2　特殊数字的书写格式参考

(7) 字体要自右上方向左下方倾斜写,倾斜度约为 60°。

(二) 单个数字的书写要领

(1) "0"字书写时,紧贴底线,圆要闭合,不宜过小,否则易被改为"9"字;几个"0"连写时,不要写连接线。

(2) "1"书写时,要斜直,不能比其他数字短,否则易被改成"4""6""7""9"等数字。

(3) "2"书写时,不能写成"Z",落笔应紧贴底线,否则易被改成"3"字。

(4) "3"书写时,拐弯处光滑流畅,起笔处至拐弯处距离稍长,不宜过短,否则易被改成"5"。

(5) "4"字书写时,"∠"角要死折,即竖要斜写,横要平直且长,折角不能加油,否则易被改成"6"字。

(6) "5"字书写时,横、钩必须明显,不可拖泥带水,否则易被改成或混淆成"8"字。

(7) "6"字书写时,起笔处在上半格的 1/4 处,下圆要明显,否则易被改成"4""8"字。

(8) "7"字书写时,横要平直明显(即稍长),竖稍斜,拐弯处不能圆滑,否则易与"1""9"相淆。

(9) "8"字书写时,上面稍小,下面稍大,注意起笔呈斜"S",圆圈笔画写顺,一定要封口,终笔与起笔交接处应成棱角,以防将"3"改为"8"。

(10) "9"字书写时,上部的小圆要闭合,不留间隙,并且一竖稍长,略微出底线,否则易与"4"字混淆。

(三) 数的读法

1. 万以下数的读法

每读出一个数字,接着读出该数字所在的位数。例如,37 268 应读作叁万柒仟贰佰陆拾捌。

2. 万以上数的读法

对于万位以上的数,每读出一个数字,只需读出该数字所在的位数的第一位。例如,2 738 426 应读作贰佰柒拾叁万捌仟肆佰贰拾陆。

3. 中间有零的数的读法

数字中间有零的,无论是一个或连续几个零,都只读一个"零",而不读出其所在的位数。例如,3 072 应读作叁仟零柒拾贰,400 025 应读作肆拾万零贰拾伍。

4. 后面有零的数的读法

数字末尾有零的数的读法,既不读零,也不读零所在的位数。例如,3 000 应读作叁仟,5 200 应读作伍仟贰佰。

三、训练要求

(1) 按照标准写法进行书写练习,直至书写规范、流畅,得到指导教师认可。

(2) 练习时可用"会计数字练习用纸",其格式如表 1-1 所示。

表 1-1　会计数字练习用纸

姓名:_____　　班别:_____　　　　　　　　____年____月____日

四、学习评价

阿拉伯数字书写课程学案如表 1-2 所示。

表 1-2　阿拉伯数字书写课程学案

班级		姓名		上课时间		任课教师	
本节课主要内容							
出错的内容							
课后总结							
知识拓展							
自我评价							
教师评价							

任务二　汉字大写数字的书写

一、训练目的

掌握汉字大写数字的标准写法,做到书写规范、流畅。

二、训练内容

汉字大写数字的标准写法如下:

(1) 汉字大写数字要以正楷或行书字体书写,不得连笔写。

(2) 不允许使用未经国务院公布的简化字或谐音字。大写数字一律用"壹、贰、叁、肆、伍、陆、柒、捌、玖、拾、佰、仟、万、亿、元、角、分、零、整"等。不得用"毛"代替"角","另"代替"零"。

(3) 字体要各自成形,大小均衡,排列整齐,字迹要工整、清晰。

大写数字参考字体如表 1-3 所示。

表 1-3　大写数字参考字体

壹	贰	叁	肆	伍	陆	柒	捌	玖	拾	佰	仟	万	元	角	分

三、训练要求

按照标准写法进行书写练习,直至书写规范、流畅,得到指导教师认可。练习可用"会计数字练习用纸",如表 1-4 所示。

表 1-4　会计数字练习用纸

四、学习评价

汉字大写数字的书写课程学案如表 1-5 所示。

表 1-5　汉字大写数字的书写课程学案

班级		姓名		上课时间		任课教师	
本节课主要内容							
出错的内容							
课后总结							
知识拓展							
自我评价							
教师评价							

任务三　大小写金额的书写

一、训练目的

掌握大小写金额的标准写法,做到书写规范、清晰、流畅。

二、训练内容

(一) 小写金额的标准写法

1. 没有位数分割线的凭证账表上的标准写法

(1) 阿拉伯金额数字前面应当书写货币币种符号或者货币名称简写,币种符号和阿拉伯数字之间不得留有空白。凡阿拉伯数字前写出币种符号的,数字后面不再写货币单位。

(2) 以元为单位的阿拉伯数字,除表示单价等情况外,一律写到角分;没有角分的可写"00"或者"—",如￥95 367.00 或者￥95 367.—。有角无分的,分位应当写出"0",不得用"—"代替,如￥95 367.30。

(3) 只有分位金额的,在元和角位上各写一个"0"字并在元与角之间点一个小数点,如￥0.06。

(4) 元以上每三位要空出半个阿拉伯数字的位置书写,如￥5 647 108.92。

2. 有数位分割线的凭证账表的标准写法

(1) 对应固定的位数填写,不得错位。

(2) 只有分位金额的,在元和角位上均不得写"0"字。

(3) 只有角位或角分位金额的,在元位上不得写"0"字。

(4) 分位是"0"的,在分位上写"0",角分位都是"0"的,在角分位上各写一个"0"字。

(二) 大写金额的标准写法

(1) 大写金额要紧靠"人民币"字样书写,不得留有空白,如果大写数字前没有印好"人民币"字样的,应加填"人民币"三字。

| 人民币贰仟元整 | ✓ |
| 人民币　　贰仟元整 | × |

(2) 大写金额数字到"元"或"角",在"元"或"角"后写"整"字;大写金额有"分"的,"分"后面不写"整"字。例如,￥12 000.00 应写为"人民币壹万贰仟元整";￥48 651.80 可写为"人民币肆万捌仟陆佰伍拾壹元捌角整";￥486.56 应写为"人民币肆佰捌拾陆元伍角陆分"。

(3) 关于"零"的书写:

① 小写金额数字尾部是"0",中文大写金额数字不需要用"零"表示,用"整"结尾即可。例如,￥32.50 可写为"人民币叁拾贰元伍角整";￥30.00 可写为"人民币叁拾元整"。

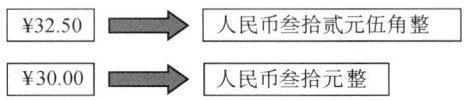

② 小写金额数字中间有一个"0"时,中文大写金额数字中间要写一个"零"字。例如,￥211.03 可写为"人民币贰佰壹拾壹元零叁分"。

③ 小写金额数字中间连续有几个"0"时,中文大写金额数字中间可以只写一个"零"字。例如,￥5 000.06 可写成"人民币伍仟元零陆分"。

④ 小写金额数字元位是"0",角位不是"0"时,中文大写金

额数字可以只写一个"零"字,也可以不写"零"字。例如,¥760.20可写成"人民币柒佰陆拾元零贰角整",也可写成"人民币柒佰陆拾元贰角整"。

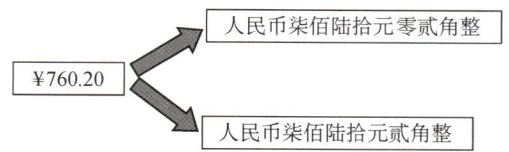

(4)阿拉伯金额数字最高是"1"的,汉字大写金额加写"壹"字。例如,¥15.80应写成"人民币壹拾伍元捌角整";¥135 800.00应写成"人民币壹拾叁万伍仟捌佰元整"。

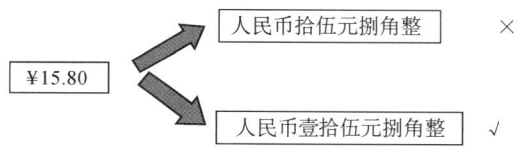

(5)在印有大写金额万、仟、佰、拾、元、角、分位置的凭证上书写大写金额时,金额前面如有空位,可划"⊗"注销,阿拉伯金额数字中间有几个"0"(含分位),汉字大写金额就是几个"零"字。例如,¥100.50汉字大写金额应写成:人民币⊗万⊗仟壹佰零拾零元伍角零分。

(三)大小写金额书写示例

大小写金额书写对照表,如表1-6所示。

表1-6 大小写金额书写对照表

小写金额	中文大写金额(人民币)	小写金额	中文大写金额(人民币)
¥0.08	人民币捌分	¥630.06	人民币陆佰叁拾元零陆分
¥0.60	人民币陆角整	¥4 020.70	人民币肆仟零贰拾元柒角整
¥2.00	人民币贰元整	¥15 006.09	人民币壹万伍仟零元零玖分
¥17.08	人民币壹拾柒元零捌分	¥13 000.40	人民币壹万叁仟零肆角整

三、训练要求

(1) 根据中文大写书写小写金额,如表 1-7 所示。

表 1-7　根据中文大写书写小写金额

中文大写金额(人民币)	小写金额
人民币捌分	
人民币陆角整	
人民币贰元整	
人民币壹拾柒元零捌分	
人民币陆佰叁拾元零陆分	
人民币肆仟零贰拾元柒角整	
人民币壹万伍仟零陆元零玖分	
人民币壹万叁仟零肆角整	

(2) 根据小写金额写出中文大写金额,如表 1-8 所示。

表 1-8　根据下列小写金额写出中文大写金额

小写金额	中文大写金额(人民币)
￥1 900.50	
￥39 600.07	
￥20 200.00	
￥765 123.08	
￥32 565 123.00	
￥18.20	
￥5 600 600.00	
￥230.38	

(3) 根据下列小写金额,判断大写金额书写错误的原因,并写出正确的大写金额,如表 1-9 所示。

表 1-9　大写金额的错误写法、错误原因和正确写法

小写金额	大写金额		
	错误写法	错误原因	正确写法
￥800.00	人民币捌佰元	少写了"整"字	人民币捌佰元整
￥16 002.00	人民币壹万陆仟另两元整		
￥19.08	人民币拾玖元捌分		
￥6 170.40	人民币陆仟壹佰柒拾元肆角零分		
￥5 370.40	人民币伍仟叁佰柒拾零元肆角整		
￥2 850.20	人民币贰仟捌佰伍拾元贰角整		

四、学习评价

大小写金额的书写课程学案如表 1-10 所示。

表 1-10　大小写金额的书写课程学案

班级		姓名		上课时间		任课教师	
本节课主要内容								
出错的内容								
课后总结								
知识拓展								
自我评价								
教师评价								

任务四　会计书写在财务工作中的应用

一、训练目的

掌握会计数字大小写的具体应用以及中文大写票据日期的规范写法。

二、训练内容

（一）填制现金缴款单

现金缴款单是银行开户单位将现金交存银行时填写的凭证。一般第一联银行加盖相关印章后退给单位作为回单，第二联加盖相关印章作为银行的记账凭证，第二联加盖相关印章作为银行的记账凭证，登记现金收入日记簿后，转会计柜台作为现金收入传票登记有关账户。

【资料】万利有限公司出纳王红于 2024 年 5 月 17 日到银行存入如下现金：100 元 19 张，50 元 8 张，20 元 8 张，10 元 10 张，5 元 18 张，2 元 1 张，1 元 1 张，5 角 1 张，1 角 4 张。

【要求】填写现金缴款单，如图 1-3 所示。

中国工商银行现金缴款单（回单）

科目：　　　　2024 年5月17日　　　　对方科目：

收款单位	全称	万利有限公司	款项来源	销货款
	账号	164-7654	缴款部门	

人民币（大写）	千	百	十	万	千	百	十	元	角	分
贰仟陆佰伍拾叁元玖角整				¥	2	6	5	3	9	0

券别	张数	十	万	千	百	十	元	角	分	券别	张（枚）数	千	百	十	元	角	分	
壹佰元	19			1	9	0	0	0	0	伍角	1					5		
伍拾元	8				4	0	0	0	0	贰角								收款银行盖章
贰拾元	8				1	6	0	0	0	壹角	4					4		中国工商银行
壹拾元	10				1	0	0	0	0	伍分								太原千峰路支行
伍元	18					9	0	0	0	贰分								2024年5月17日
贰元	1						2			壹分								现金收讫章
壹元	1						1											

图 1-3　现金缴款单

(二)登记现金收付日记账

【资料】深圳飞扬公司 2024 年 5 月 1 日现金日记账余额为 5 200 元,5 月份发生下列现金收付业务:

业务 1:5 月 4 日,采购员李华出差预借差旅费 2 300 元,以现金支付。

业务 2:5 月 10 日,从银行提取现金 62 000 元,备发工资。

业务 3:5 月 10 日,以现金支付职工工资 42 000 元。

业务 4:5 月 12 日,以现金支付厂部办公用品费 230 元。

业务 5:5 月 25 日,采购员李华出差回来,退回现金 200 元(其余款项尚未报销)。

业务 6:5 月 28 日,销售产品收到现金 423 元。

【要求】根据资料登记现金收付日记账,如图 1-4 所示。

现金收付日记账

2024 年		凭证号数	对方科目	摘要	收入	支出	余额
月	日						
5	1			期初余额			5 200.00
	4			李华预借差旅费		2 300.00	2 900.00
	10			提取现金	62 000.00		64 900.00
	10			支付职工工资		42 000.00	22 900.00
				本日小计	62 000.00	42 000.00	22 900.00
	12			购办公用品		230.00	22 670.00
	25			李华退回借款余额	200.00	22 870.00	
	28			销售产品		423.00	23 293.00
	30			本月合计	62 623.00	44 530.00	23 293.00

图 1-4 现金收付日记账

(三)中文大写票据日期的书写要求

1. 月份

(1) 1 月、2 月前零字必写,3 月至 9 月前零字可写可不写。

(2) 10 月应为零壹拾月,11 月、12 月必须写成壹拾壹月、壹拾贰月。

2. 日期

(1) 1日至9日前零字必写,10日、20日、30日应为零壹拾日、零贰拾日、零叁拾日。

(2) 11日至19日、21日至29日必须分别写成壹拾×日、贰拾×日,"×"为相应的中文大写数字,如壹拾贰日、贰拾捌日。31日必须写成叁拾壹日。中文大写票据日期的书写格式如表1-11所示。

表1-11 中文大写票据日期的书写格式

序号	小写日期	大写日期
1	1月7日	零壹月零柒日
2	2月13日	零贰月壹拾叁日
3	4月15日	肆月壹拾伍日
4	10月10日	零壹拾月零壹拾日
5	11月30日	壹拾壹月零叁拾日

三、训练要求

(一) 登记现金收付日记账

【资料】深圳田艺公司2024年6月1日现金日记账余额为2 300元,6月份发生下列现金收付业务:

业务1:6月2日,从银行提取现金5 000元。

业务2:6月8日,采购部黄明出差预借差旅费4 600元。

业务3:6月15日,以现金支付职工培训费860元。

业务4:6月15日,支付业务招待费1 450元。

业务5:6月25日,黄明出差回来,退回现金180元(其余款项尚未报销)。

业务6:6月30日,以现金收取兴隆公司欠缺货款3 200元。

【要求】根据资料登记现金收付日记账,如表1-12所示。

表 1-12　现金收付日记账

年 月	日	凭证号数	对方科目	摘要	收入	支出	余额

（二）将小写日期写成大写日期

根据小写日期写出大写日期，如表 1-13 所示。

表 1-13　根据小写日期写出大写日期

序号	小写日期	大写日期
1	1月11日	
2	3月9日	
3	4月20日	
4	5月6日	
5	6月30日	
6	7月3日	
7	8月20日	
8	9月25日	
9	10月6日	
10	12月31日	

四、学习评价

会计书写在财务工作中的应用课程学案如表 1-14 所示。

表 1-14　会计书写在财务工作中的应用课程学案

班级		姓名		上课时间		任课教师	
本节课主要内容							
出错的内容							
课后总结							
知识拓展							
自我评价							
教师评价							

会计数字书写的思政要求主要体现在以下五个方面：

（1）严谨性：会计数字书写要求严谨、准确，不得有丝毫差错。这种严谨性体现了思政教育中对于诚实守信、实事求是的价值观要求。

(2) 规范性:会计数字书写应遵循一定的规范,如数字的大小、倾斜度、高度、排列等都有明确要求。这种规范性体现了思政教育中对于纪律性和规则意识的培养。

(3) 清晰性:会计数字书写要求清晰可辨、易于阅读和理解。这种清晰性体现了思政教育中对于清晰表达、有效沟通的能力要求。

(4) 诚信性:会计数字书写是财务信息记录的重要组成部分,要求会计人员保持诚信、公正的态度。这种诚信性体现了思政教育中对于诚信品质的培养。

(5) 责任感:会计数字书写涉及企业的经济利益和社会责任,要求会计人员具备高度的责任感。这种责任感体现了思政教育中对于责任意识和担当精神的培养。

会计数字书写的思政要求主要包括严谨性、规范性、清晰性、诚信性和责任感等方面。这些要求不仅有助于提高学生的会计专业素养,还有助于培养他们的思政素养,为他们未来的职业发展和社会生活奠定坚实的基础。

项目二

传票算技能

任务一　技能训练指导

一、训练目的

掌握计算器盲打、计算机小键盘盲打。

二、训练内容及要求

（一）练习盲打

1. 计算器盲打

计算器是一种重量轻、计算速度快、价格低、准确率高、小巧便于携带的计算工具。计算器在我国经济管理、会计核算、统计计算及日常工作中应用广泛。

1）计算器的结构

计算器一般由功能键、显示器、内存、运算器、电源开关、电池盒等部分组成。显示器和功能键在计算器的表面，显示器显示从功能键输入的数据及运算结果，各功能键用来输入计算器指令和需要计算的各种数据。内存是计算器的仓库，用来存放指令和各种数据，以及运算器送来的各种结果。运算器在计算器的内部，是计算器的运算装置，是对数据信息进行加工和处理的部件。

2）计算器的按键

计算器的按键包括数字键、符号键和功能键，如图 2-1 所示，各按键在使用过程中起着不同的作用。这里介绍最常用的按键及其使用方法。

AC 或 CA 键：清除键，清除计算器内储存的所有内容，按下此键内容均被清除。

0～9：数字键，按键一次，输入一位。

00：数字键，每按一次输入两个零。

图 2-1　计算器示图

．：小数点键，用来输入小数点。

ON/C：开启键及清除屏幕键，按下此键即接通电源或清除屏幕上的内容。如果在操作过程中按下此键则可以删除屏幕上的所有输入。

OFF：关闭键，按下此键即可切断电源。

＋/－：正负号变换键，用来变换显示的正负号。每按一次，显示数的正负号向相反的方向变换一次。输入负号时，要先输入正数，再按正负号变换键即可。

＋－×÷：运算键，用来进行基本的加、减、乘、除运算。在应用显示结果时，加减乘除键都可替代等号键。

％：百分比键，用来进行百分比运算，按此键后可直接显示出结果。

→：退位键，输入数字错误时，可用它消除更正，每按一次清除一个数字，必须在使用运算符号前使用。

√：开平方键，用来计算一个数的算术平方根。注意：被开平方数不能为负数。

M＋、M－：累计键，把输入的数或中间计算结果进行累加、累减并存储在计算器中。

MR：累计显示键，功能是调出由［M＋］［M－］键存入的数据。

C/CE：删除输入键，按下此键屏幕上输入的数字均被删除。

MC：清除存储器键，按下此键存储器的内容均被清除。

CT：汇总键，按下此键即自动将输入的一组数字汇总并显示出来。

3）计算器操作

为了能够正确操作使用计算器并做到准确无误，要做好以下三方面的工作：

（1）电源自行开关。简单型计算器一般为按键开关，若按一下"ON/C"键，即可接通电源，按一下"OFF"键，则可切断电源。接通电源后，屏幕右边"0"表示"清零"。此类计算器还具有自动切断电源的功能。

(2) 正确操作按键。电子计算器一般在使用过程中，由于按键操作频繁，屏幕显示快慢不一，所以按键操作容易出错。为了避免按键操作过程中发生错误，按键时必须正确操作。

第一，放置平稳后按键。计算器使用时要放置平稳，防止按键时晃动，造成未按上或重复输入的现象。

第二，按键用力要适中。按键用力要适中，不能过轻、过重。用力太轻，数字后功能无法输入；用力太重，则导电橡胶触点容易损坏，缩短计算器使用寿命。

第三，按键要垂直用力，不要侧向按键。侧向按键容易造成导电橡胶变形，影响计算器使用寿命。

第四，一次只能按一个按键。在接通电源后，不可同时按两个键，以免发生故障。

(3) 注意差错或溢出。在电子计算器的运算过程中，若输入不合规则的数字和指令或超出计算器使用范围，屏幕上就会显示符号"E"，表示输入错误或溢出，如输入数字超过12位。

4) 盲打方法

在会计报表复核及传票翻打中，加、减法运用较多，因此，要想提高工作效率，盲打指法非常重要，盲打主要使用右手。

食指负责"0""1""4""7"四个键。

中指负责"00""2""5""8"四个键。

无名指负责".""=""3""6""9"五个键。

小指负责"＋""－""×""÷"四个键。

如有需要，可由食指兼负责"GT""C/CE""→"三个键。

5) 盲打定位

在击键之间或使用运算键之后，右手食指、中指、无名指应分别定位在4、5、6三个键上面。在击键过程中，右手的位置有两种情况：①右手腕悬空，操作时手掌上下移动；②右手掌根压在桌子上，靠手指的移动来完成操作。

6）操作注意事项

要掌握计算器盲打技能,必须做到以下五点：

(1) 坐姿端正。正确的坐姿,能使操作者肌肉放松,活动自如,动作协调,减轻劳动强度。

(2) 放置适合。计算器的位置放置没有固定的要求,一般根据操作人员身材的实际情况,放于击打键盘感觉最舒适的地方。如果右手击键,为了便于击打键盘,一般放于右手某个最适的位置。位置找对后,不要随便移动,以免影响速度。

(3) 握笔正确。很多时候,强调左手拿笔,右手击键,这是因为一般情况下是右手击打计算器键盘,计算完毕后,可以用左手将笔送给右手写答案,答案写完后再送回左手,继续下一题的计算。如果从一开始就训练右手握笔击键计算,则速度会更快。

(4) 精力集中。注意力高度集中,做到眼到手到。在操作过程中,眼睛是不看键盘的,全靠眼、手、脑协调配合,做到眼睛看到什么数字手指就敲打上面的数字,眼到、手到。在此期间,头不能左右摇摆。

(5) 一气呵成。在整个操作过程中,要注意掌握好节奏,不要时快时慢甚至停顿,要动作连贯,一气呵成。

2. 计算机小键盘盲打

1）计算机键盘结构

计算机键盘的按键大致分为主键区、功能键区、编辑键区和数字键区四个区,如图 2-2 所示。

图 2-2　计算机键盘示图

（1）主键区。主键区也称打字区，它是键盘的主体部分。主键区主要用于输入各种应用程序和程序的命令，包括控制键和字符键两大类。

控制键包括：

▲制表键 Tab：用于使光标向左或向右移动一个制表的距离（默认为 8 个字符）。

大写锁定键 Caps Lock：用于控制大小写字母的输入。未按下该键时，按各种字母键输入小写英文字母或在拼音、五笔等汉字输入法状态下输入汉字；按下该键后，按各种字母键将输入大写英文字母。

▲上挡键 Shift：又称换挡键，用于其他字符、字母键组合，输入键上面有两种字符状态的上面一种字符。例如要输入"%"，应按下 Shift 键的同时按下一个数字键 5。

▲组合控制键 Ctrl 和 Alt：控制键单独使用时不起作用，只有配合其他键一起使用才有意义。

▲空格键：按一下该键输入一个空格，同时光标右移一个字符。

▲Win 键：标有 Windows 图标的键，任何时候按下该键都将弹出"开始"菜单。

▲快捷键：相当于单击鼠标右键，按下该键将弹出快捷菜单。

▲回车键 Enter：主要用于结束当前的输入行货命令行，或接受当前的状态。

▲退格键 Backspace：按一下该键，光标向左回退一格并删除原来位置上的对象。

字符键包括：

▲A 键至 Z 键：主要用于输入英文字母或汉字编码。

▲0 至 9 键：主要用于输入阿拉伯数字。

▲21 个符号键：主要用于输入常用的标点符号。

（2）功能键区。功能键区主要用于完成一些特殊任务和工作，包括 Esc（退出）键、F1 至 F12 键及 WakeUp（唤醒）键、Sleep

(休眠)键和 Power(电源)键,共 16 个键。

F1 至 F12 键,这 12 个功能键在不同的应用软件和程序中有各自不同的定义。

(3) 编辑键区。主键区右侧是编辑键区,包括 Print Screen(屏幕打印)键、Scrsll Lock(滚动锁定)键、Pause Break(中断)键、Lnsert(插入键)、Home(首)键、End(尾)键、Page Up(上翻页)键、Page Down(下翻页)键、Delete(删除)键和 4 个方向键。

(4) 数字键区。编辑键区的右侧是数字键区,又称为小键盘区或副键盘区,是专门向计算机输入大量数字的重要输入设备,主要用于数字集中录入。掌握这个小键盘的操作是我们学习的重点。

数字键区的大部分按键具有双重功能:一是代表数字和小数点,二是代表某种编辑功能。利用该区的 Num Lock(数码锁定)键可在这两种功能之间进行转换。除此,键盘右上角还有 Caps Lock(大写锁定)和 Scroll Lock(滚动锁定)两个指示灯。

2) 正确的打字姿势

要想熟练运用键盘来打字,姿势非常重要。有了正确的姿势,不仅可减轻人的疲劳感,对于提高速度也会起到事半功倍的效果,正确的打字姿势如图 2-3 所示。

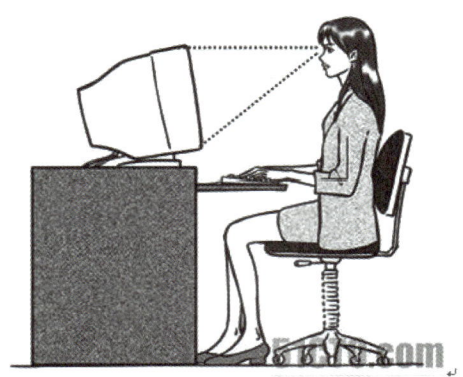

图 2-3　正确的打字姿势

(1) 身体要保持平直,肩部放松,腰背不要弯曲。

(2) 小臂与手腕略向上倾斜,手腕平直,两肘微垂,轻轻贴于腋下,手指弯曲自然适度,轻放在"F""H"键上。

(3) 手掌以手腕为轴略向上抬起,手指略弯曲,自然下垂,形成勺状。

(4) 打字时手腕要悬空,敲击键盘要有节奏,击完键手指要立即回到初始位置。

(5) 击键的力度要适中。每个手指分工明确,各司其职,击键时主要靠手指和手腕的灵活运动,不要靠整个手臂的运动来找键位。

3) 小键盘指法

计算机小键盘是向计算机输入数字、发出命令的重要设备,是财务人员必不可少的操作工具,所以掌握小键盘的使用方法非常重要。为了便于有效地使用小键盘,通常规定右手的食指、中指、无名指和小指依次位于第三排的"4""5""6""Enter"基准键上,其中"5"键上有一个小突起,是用来定位的。当准备操作小键盘时,手指应轻轻放在相应的基准键上,按完其他键后,应立即回到相定的基准键上。

(1) 要提高数字的录入速度,各手指负责的按键有严格的分工,"Num Lock""7""4""1"这四个键由右手食指负责;"/""8""5""2"这四个键由右手中指负责;"*""9""6""3"".”这五个键由右手无名指负责;"—""+""Enter"这三个键由右手小拇指负责;"0"键由右手大拇指负责。如图 2-4 所示。

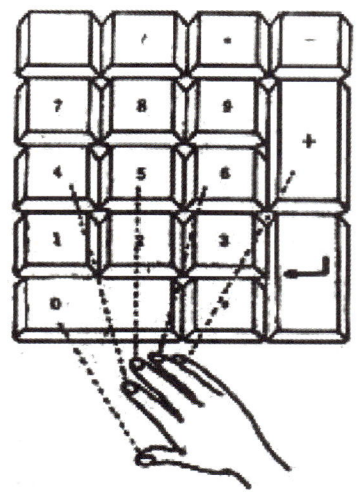

图 2-4　各手指的分工

(2) 握笔的习惯对于提高击键的速度非常重要，直接影响到运算的进程。把笔横压在右手拇指与手掌之间，使笔与手掌平行，笔杆上端伸出虎口并露出 1/3，笔尖露在外侧，这样对于按键特别有利，而且便于书写结果，减少了取放笔的次数，避免了时间上的浪费，提高了效率。

(二) 练习整理

翻打传票前，要先检查传票是否有错误，如有无缺页、重页、数码不清、错行、装订方向错误等。一经发现，应及时更换传票，待检查无误后，方可整理传票。

整理传票即将传票捻成扇形，使每张传票自然松动，不会出现粘在一起的情况。

票面捻扇形的方法：首先，两手拇指放在传票封面上，两手的其余四指放在背面上，左手捏住传票的左上角，右手拇指放在传票封面的右下方。其次，右手拇指向顺时针方向捻动，左手配合右手向反方向用力，轻轻捻动成扇形。扇形幅度不宜过大，只要把传票封面向下突出，背面向上突出，便于翻页即可。最后，用夹子将传票的左上角夹住，再用一个较小的票夹夹在传票的最后一页的右下角，将传票架起，使扇形固定，防止错乱。

(三) 练习摆放

为了便于运算，整理好的传票应摆放在桌面适当的位置。如果使用小型算盘、小键盘，可将传票放在算具的左上方，贴近算具，以便于看数计算。如果使用计算器，可将传票放在计算器的左边，以便翻打。

(四) 练习找页

找页的动作快慢、准确与否，直接影响传票翻打的准确与速度。找页的关键是练手感，即摸纸页的厚度，如 10 页、20 页、30 页、50 页等的厚度，做到仅凭手的感觉就可以一次翻到邻近的页码上,然后,再用左手向前向后调整,迅速翻至要找的页码。

找页的基本要求:右手在书写上一传票的数字时,用眼睛的余光看清下一传票的起始页数,用左手迅速准确找到对应页数,做到边写答案边找页。

(五)练习翻页

传票翻打要求用左手翻传票,右手计算并书写答案,两手同时进行。

传票翻页的方法:将左手的小指、无名指放在传票封面的左下方,食指、拇指、放在每题的起始页,然后中指配合挡住已翻过的页,食指配合拇指将传票一页一页地掀起。

翻页与计算必须同时进行,票页不宜翻得过高,角度应适宜,以能看清数据为准。翻页计算时,可采用一次一页的打法,也可采用一次两页或三页的打法。

(六)练习记页

在传票运算时,为了避免计算过页或者计算不过页,应掌握记页(数页)的方法。

记页,就是在运算中记住终止页,当估计快要运算完该题时,用眼睛的余光扫视传票的页码,以防过页。

(七)练习数页

数页就是边运算边默念已打过的页数,最好每打一页,默念一页。以 20 页为一组为例,打第一次默念 1,打第二次默念 2……默念到 20 时核对该题的起止页数,如无误,立即书写答案。

如果采用一目两行打法,仍以 20 页为一组为例,每题只数 10 次,即打前两页时默念 1 再打两页时默念 2……默念到 10 时,核对该题的起止页数,如无误,立即书写答案。

三、学习评价

传票算技能训练指导课程学案如表 2-1 所示。

表 2-1 传票算技能训练指导课程学案

班级		姓名		上课时间		任课教师	
本节课主要内容							
出错的内容							
课后总结							
知识拓展							
自我评价							
教师评价							

任务二　技能训练步骤

一、训练目的

掌握传票翻打系统的使用。

二、训练内容

传票翻打步骤如下：

（1）打开平板，选择"传票翻打"系统，如图 2-5 所示。

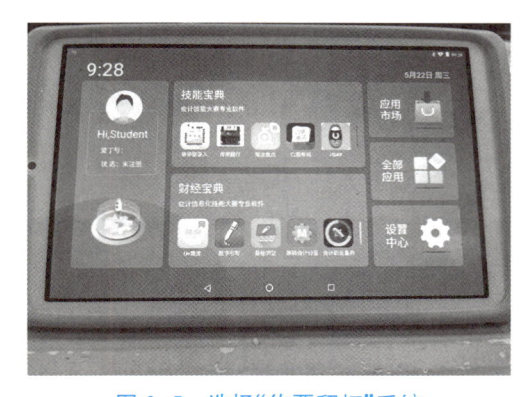

图 2-5　选择"传票翻打"系统

（2）点击"传票算"界面，如图 2-6 所示。

图 2-6　点击"传票算"界面

（3）点击"传票算测试"，如图2-7所示，找到传票本上相应的第五版。

图2-7　选择"传票算测试"

（4）设置测试时间为10分钟，起始页为第8页，行数第1行，如图2-8所示。

图2-8　设置时间及起止页

（5）按要求将数字输入平板，当录入10分钟后，系统将自动退出到成绩界面，如图2-9所示。

图2-9　按要求将数字输入

三、学习评价

传票翻打技能训练课程学案如表 2-2 所示。

表 2-2 传票翻打技能训练课程学案

班级		姓名		上课时间		任课教师	
本节课主要内容							
出错的内容							
课后总结							
知识拓展							
自我评价							
教师评价							

任务三　技能训练方法

一、训练目的

巩固翻打传票的技能。

二、训练内容

(一) 熟悉键盘练习

1. 加百子

1＋2＋3＋…＋99＋100＝5 050。

2. 减百子

先输入5 050,再依次－1－2－3－…－99－100＝0。

3. 连加连减

123456789 连加 9 次,和为 1111111101,再连续减去 123456789,直到减完为0。

4. 连加连减

9876543210 连加 9 次,和为 88888888890,再连续减去 9876543210,直到减完为0。

(二) 传票算练习

(1) 练习1:A面(10分钟),如表2-3所示。

表2-3　A面练习题

题序	起止页数	行数	答案
1	3～22	(一)	
2	41～60	(三)	
3	46～65	(四)	
4	21～40	(一)	

(续表)

题序	起止页数	行数	答案
5	18～37	(二)	
6	51～70	(四)	
7	79～98	(三)	
8	2～21	(二)	

(2) 练习2:B面(10分钟),如表2-4所示。

表2-4　B面练习题

题序	起止页数	行数	答案
1	3～22	(一)	
2	41～60	(三)	
3	46～65	(四)	
4	21～40	(一)	
5	18～37	(二)	
6	51～70	(四)	
7	79～98	(三)	
8	2～21	(二)	

(3) 练习3:C面(10分钟),如表2-5所示。

表2-5　C面练习题

题序	起止页数	行数	答案
1	3～22	(一)	
2	41～60	(三)	
3	46～65	(四)	
4	21～40	(一)	
5	18～37	(二)	
6	51～70	(四)	
7	79～98	(三)	
8	2～21	(二)	

（4）练习 4：D 面（10 分钟），如表 2-6 所示。

表 2-6　D 面练习题

题序	起止页数	行数	答案
1	3~22	（一）	
2	41~60	（三）	
3	46~65	（四）	
4	21~40	（一）	
5	18~37	（二）	
6	51~70	（四）	
7	79~98	（三）	
8	2~21	（二）	

（5）练习 5：A 面（8 分钟），如表 2-7 所示。

表 2-7　A 面练习题

题序	起止页数	行数	答案
1	45~64	（一）	
2	21~40	（三）	
3	39~58	（四）	
4	66~85	（一）	
5	4~23	（二）	
6	12~30	（四）	
7	5~24	（三）	
8	1~20	（二）	

（6）练习 6：B 面（8 分钟），如表 2-8 所示。

表 2-8　B 面练习题

题序	起止页数	行数	答案
1	45~64	（一）	
2	21~40	（三）	
3	39~58	（四）	
4	66~85	（一）	
5	4~23	（二）	

(续表)

题序	起止页数	行数	答案
6	12~30	(四)	
7	5~24	(三)	
8	1~20	(二)	

(7) 练习 7：C 面(8 分钟)，如表 2-9 所示。

表 2-9　C 面练习题

题序	起止页数	行数	答案
1	45~64	(一)	
2	21~40	(三)	
3	39~58	(四)	
4	66~85	(一)	
5	4~23	(二)	
6	12~30	(四)	
7	5~24	(三)	
8	1~20	(二)	

(8) 练习 8：D 面(8 分钟)，如表 2-10 所示。

表 2-10　D 面练习题

题序	起止页数	行数	答案
1	45~64	(一)	
2	21~40	(三)	
3	39~58	(四)	
4	66~85	(一)	
5	4~23	(二)	
6	12~30	(四)	
7	5~24	(三)	
8	1~20	(二)	

(9) 练习 9：A 面(5 分钟)，如表 2-11 所示。

表 2-11　A 面练习题

题序	起止页数	行数	答案
1	15～34	(一)	
2	62～81	(三)	
3	44～63	(四)	
4	20～39	(一)	
5	8～27	(二)	
6	61～80	(四)	
7	12～31	(三)	
8	31～50	(二)	

(10) 练习 10：B 面(5 分钟)，如表 2-12 所示。

表 2-12　B 面练习题

题序	起止页数	行数	答案
1	15～34	(一)	
2	62～81	(三)	
3	44～63	(四)	
4	20～39	(一)	
5	8～27	(二)	
6	61～80	(四)	
7	12～31	(三)	
8	31～50	(二)	

(11) 练习 11：C 面(5 分钟)，如表 2-13 所示。

表 2-13　C 面练习题

题序	起止页数	行数	答案
1	15～34	(一)	
2	62～81	(三)	
3	44～63	(四)	
4	20～39	(一)	
5	8～27	(二)	
6	61～80	(四)	
7	12～31	(三)	
8	31～50	(二)	

（12）练习 12：D 面（5 分钟），如表 2-14 所示。

表 2-14　D 面练习题

题序	起止页数	行数	答案
1	15～34	（一）	
2	62～81	（三）	
3	44～63	（四）	
4	20～39	（一）	
5	8～27	（二）	
6	61～80	（四）	
7	12～31	（三）	
8	31～50	（二）	

三、学习评价

技能训练方法课程学案如表 2-15 所示。

表 2-15　技能训练方法课程学案

班级		姓名		上课时间		任课教师	
本节课主要内容								
出错的内容								
课后总结								
知识拓展								
自我评价								
教师评价								

思政园地

一天晚上,我正在收拾房间,突然发现桌子下面压着一张特殊的纸,上面的内容我很少见到。我快速抽出来,只见排头写着"湖北省增值税普通发票",我好奇地往下看,发现这张纸上不仅有商品的金额,还有"税率"和"税额"一栏,税率一栏里标注着13%。我内心充满了好奇,便急匆匆地跑到爸爸身边问道:"爸爸,爸爸,这张纸上的税率是什么意思呀?"爸爸拿起纸张看了看告诉我:"这是一张正规的增值税发票,税率是一种对征税对象的征收比例。""那税额呢?"我紧接着问。"呵呵,儿子,你观察得真仔细!"爸爸一边摸着我的头,一边开心地说,"税额是应该交的税款。你看,这张发票上显示我们购买的电扇,金额是不含税收的部分,把金额乘以税率就可以计算出税额了,最终税额是需要上缴国家财政的。"

听完,我恍然大悟,但又心生疑问。我想:"这不是国家向老百姓们要钱吗?"我把心中的疑问告诉了爸爸,爸爸一听,便笑了。"哈哈,儿子,当然不会了。"爸爸说,"我举几个例子你就明白了,比如九年制义务教育的费用,国家建设铁路、大桥等各种浩大工程的费用,都是国家财政支付的。"

一张小小的发票,让我明白了:国家收取税收的意义在于取之于民而用之于民。作为一名学生,我现在能做的是掌握并理解一些基础的税收常识,长大后争做一名光荣的纳税人!

资料来源:国家税务总局湖北省税务局官网新闻动态栏目发布的税收文案(2024年1月8日)。

项目三

单据录入技能

任务一　单据录入前的准备工作

一、单据录入前的准备工作概述

单据录入是指根据单码本的内容进行录入，该训练可以提升汉字、英文、数字录入的综合技能，加强学生综合水平的考核，同时也更加贴近企业的实际工作。

单据本的具体内容如下：

（1）单据种类：包含常用的外来凭证和自制凭证共 50 种单据。

（2）单据规格：长 210 mm×宽 95 mm。

（3）纸张规格：70 g 白纸。

在"爱丁数码—学生派"学习软件中，可以根据指定的组别、起始页和行号进行单据的练习和测试，结合单据本使用，并自动判断对错，记录每一次成绩。在进行单据录入训练时，选择考试模式，然后选择版本，在该版的 100 页中选择 1～99 页为起始页，扣分系数固定为 2，比赛时间为 10 分钟，选择五笔输入法，然后进行训练。

二、训练目的

掌握单据录入，做到熟练操作。

三、训练内容

1. 指法练习

进入综合练习，扣分系数为 3 分，时间为 10 分钟，字符范围包括(0～9、+)。

2. 五笔训练

(1) 默写五笔字型字根助记词。

(2) 判断以下汉字字根间的结构关系。

号 耳 码 五 帮 户 牛 苦 岳 意

丑 勺 社 必 果 吏 吕 坦 照 无

(3) 写出以下汉字的编码。

唐 续 紧 荣 酸 路 岁 薄 朋 藏

该 平 扫 高 次 才 借 材 菜 但

处 觉 快 剖 被 还 目 狼 是 帮

收 爱 百 表 长 存 耳 个 间 里

3. 拼音训练

(1) 进行字母键位练习,录入以下字母组合。

Mfjurv　btfghf　fmjyrg　nbnyjf　jtybvh　gurjfm

jnvhbg　hmfnvg　ntyghf　Nvmbjg　yfhtur　tbjghf

qpcngm　apyndo　brmuds　soefqb　pityxs　kdoqpx

(2) 打开金山打字通,进入新手入门,选择字母键位,点击右下角的[测试模式],进行练习。

四、训练技巧

(一) 整理与摆放

(1) 录入单据前,要先检查单据本是否有错误,如有无缺页、重页、数字或文字不清等。一经发现,应及时更换单据本。待检查无误后,方可整理单据本。

(2) 将平板放在正前方,依次是键盘和单据本,如图3-1所示。

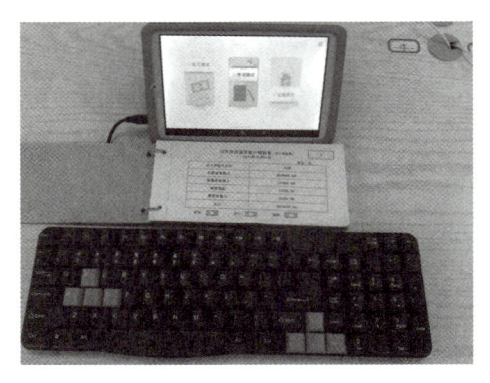

图 3-1　物品的摆放

(二) 数字与文字的盲打

盲打的过程中要保持精力集中,操作过程中眼睛不看键盘,强调眼、脑、手的协调配合,做到眼到、手到、脑到。数字与文字盲打在项目四中已详细阐述,这里不再详细讲解。

(三)翻页快速准确

单据录入时,翻页快速准确,做到眼、眼、脑、手的协调配合。单据录入是文字录入与数字录入相结合,所以必须双手击键,文字录入参照电脑打字方法,数字录入参照数字小键盘录入方法,待所有文字录入和数字录入内容输入完毕后由左手翻页。

五、学习评价

单据录入前的准备工作课程学案如表 3-1 所示。

表 3-1　单据录入前的准备工作课程学案

班级		姓名		上课时间		任课教师	
本节课主要内容							
出错的内容							
课后总结							
知识拓展							
自我评价							
教师评价							

任务二　利用爱丁平板进行单据录入训练

一、训练目的

掌握利用爱丁数码 8418I 平板进行单据录入的方法，做到熟练操作。

二、训练内容

本系统由爱丁数码 8418I 平板（包括主机和键盘）、单据本、单据录入训练软件三部分组成。以平板电脑为训练载体，易于使用，方便携带。将企业常用原始单据整合成单据本，学生模拟企业中系统录入员岗位，根据系统中的提示信息对原始单据的内容进行录入，录入完成后系统自动评判。该技能训练既可以让学生进一步认识并熟悉这些单据，又可以提升学生汉字、英文、数字录入的综合技能，加强了对学生综合水平的考核，同时也更加贴近了企业的实际工作。其操作步骤如下。

（一）设置系统

（1）打开平板，选择"新单据录入"系统，如图 3-2 所示。

图 3-2　选择"新单据录入"系统

（2）进入单据录入界面，选择"考试模式"，如图3-3所示。

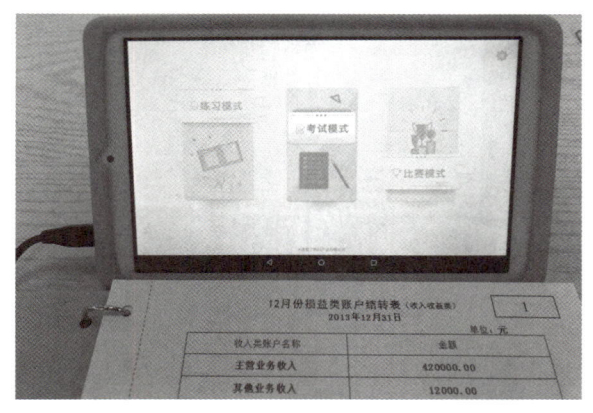

图3-3 选择"考试模式"

（3）进入"单据录入套题"界面，可根据需要选择单据本，如图3-4所示。

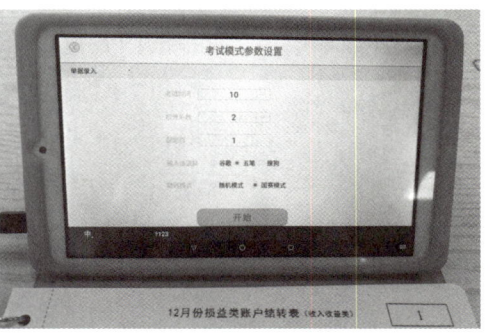

图3-4 "单据录入套题"界面　　　　图3-5 "考试模式参数设置"界面

（4）以"单据录入一"为例，打开"考试模式参数设置"界面，设置考试时间为"10分钟"，扣分系数为"2分"，起始页为"1页"（起始页可以从1～99页任选一页），选择输入法为"五笔"，跳转模式为"国赛模式"。参数设置完成后，点击[开始]按钮，进行练习，如图3-5所示。

在设置好随机系数或确定起始页后，连续的5张单据为一组，在录入界面中的左上角有显示将要录入的单据页码，如图3-6所示。

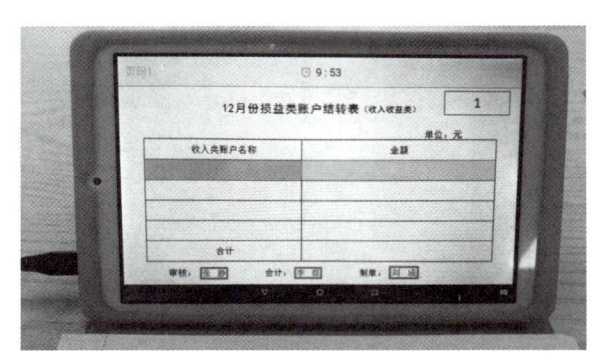

图 3-6　录入单据内容

（二）单据录入

在单据本中找到此页单据，根据单据码本录入单据（英文区分大小，金额后面的".00"也要输入，标点符号严格按照单据内容提示的要求填写）。打开录入界面后，默认录入区域在第一个空格处，录入完成一个空后按回车键（Enter 键）录入下个空格的内容。

以"单据录入一"第一页内容为例。

（1）录入收入类账户名称为"主营业务收入"，如图 3-7 所示。

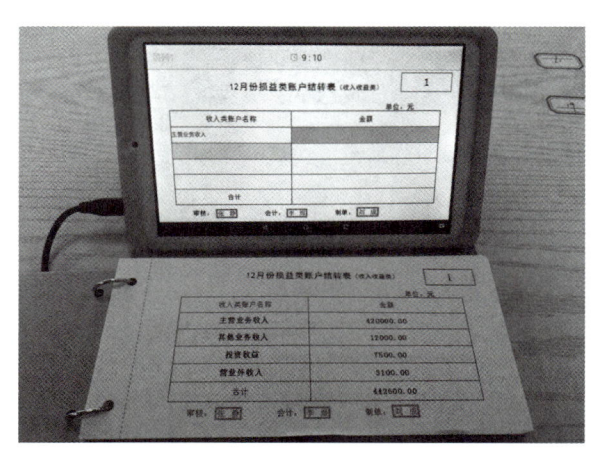

图 3-7　录入收入类账户名称

（2）录入主营业务收入的金额为"420 000.00"，如图 3-8 所示。

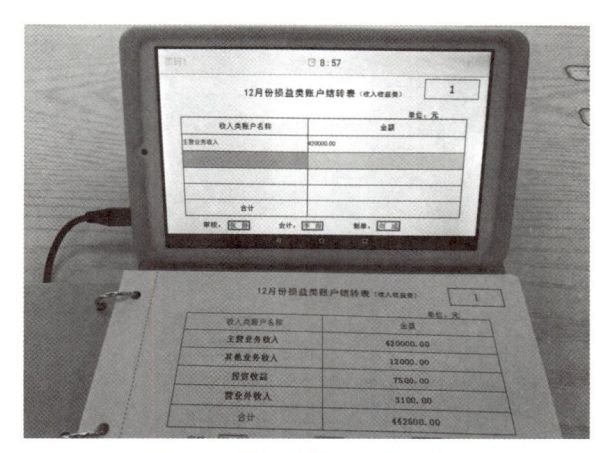

图 3-8　录入主营业务收入金额

（3）录入收入类账户名称为"其他业务收入"，如图 3-9 所示。

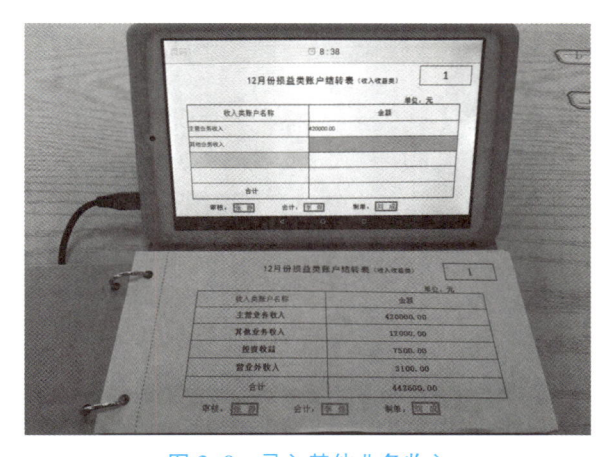

图 3-9　录入其他业务收入

（4）录入其他业务收入的金额为"12 000.00"，如图 3-10 所示。

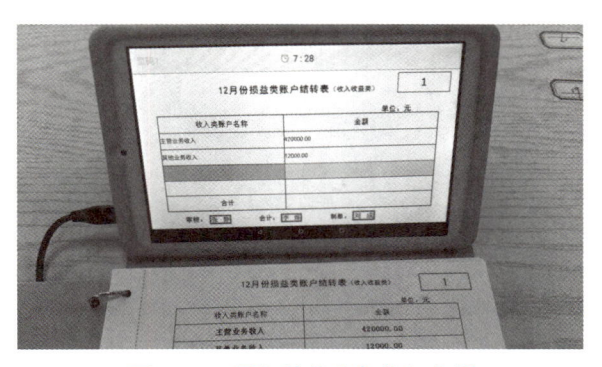

图 3-10　录入其他业务收入金额

(5) 录入收入类账户名称为"投资收益",如图 3-11 所示。

图 3-11　录入投资收益

(6) 录入投资收益的金额为"7 500.00",如图 3-12 所示。

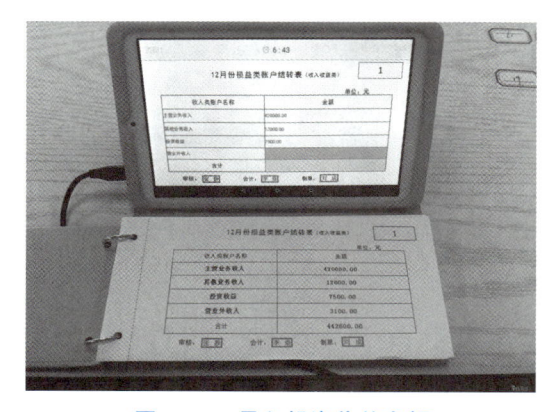

图 3-12　录入投资收益金额

(7) 录入收入类账户名称为"营业外收入",如图 3-13 所示。

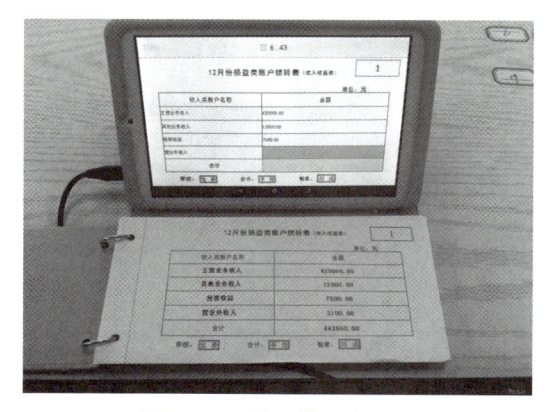

图 3-13　录入营业外收入

（8）录入营业外收入的金额为"3 100"，本页内容录入完毕。

（9）录入完成单据的最后一个项目内容后按回车键自动跳转到下一张单据，五张单据全部录入完毕后自动跳转到下一组五张单据的内容。

以此类推，当录入 10 分钟后，系统将自动退出至成绩界面。

三、学习评价

单据录入训练课程学案如表 3-2 所示。

表 3-2　单据录入训练课程学案

班级		姓名		上课时间		任课教师	
本节课主要内容							
出错的内容							
课后总结							
知识拓展							
自我评价							
教师评价							

任务三 会计技能竞赛规程范例

一、训练目的

通过训练,学生能够完整体验单据录入竞赛,做到以赛促学。

二、训练内容

(一)赛项名称

赛项编号:ZZ-46
赛项名称:会计技能
赛项组别:中职组
赛项归属产业:财经商贸

(二)竞赛目的

竞赛能够检验中职院校财经专业教学改革的成果和学生从事会计、出纳岗位工作的能力,展示学校人才培养的成果;促进专业建设,引领和促进中职学校会计专业教学改革;服务产业发展,产教融合,激发和调动行业企业关注和参与财经专业教学改革的主动性和积极性,推动提升中职学校会计专业人才培养水平。

(三)"结算单据录入"单项竞赛

1. 竞赛要求

(1)竞赛设原始单据100张,每张单据中设5~15个录入项目,每个录入项目为1题,按单据录入专用设备的程序和方法进行录入,录入内容范围包括:汉字、英文(区分大小写)、数字(0~9)、字符。系统设有两种输入方式:拼音输入(搜狗拼音输入法、谷歌拼音输入法)和五笔输入(基于86王码开发的输入法PAD版),可在比赛前设置时自行选择。

(2)比赛起始页由选手抽签确定后,在平台系统上统一设置,推送到比赛设备上,选手获得统一的比赛参数。

(3)单据5张一组,一组完成后随机跳转下一组。

(4)按系统提示的单据页数和单据中内容,在设备显示界面单据相应空白位置进行录入,每个录入项目在录入过程中可以按回车键上方的"←"键修改,按下回车键(Enter键)确认后不可以更改。

(5)比赛限时10分钟不限量。

(6)比赛前选手按主裁判的提示要求检查、整理单据本,检查比赛设备。

(7)按主裁判的"准备"口令在比赛设备系统中点击进入"比赛列表",选择录入汉字时使用的输入法,选定一种输入法后中途不可变更。

(8)现场计时时间到,主裁判宣布"比赛结束!"的口令(选手如因开始时间延后的原因系统时间未到的可继续操作,但不得超过10秒)。在系统自动弹出得分界面后停止操作。

(9)按主裁判的"退场"口令统一组织退场。

2. 评分标准

(1)每张单据均设若干个录入项目。每个录入项目录入正确得1分,录入错误或不录入扣1分。

(2)总分 = $\sum$ 正确录入项目 × 1分 − 错误录入项目 × 1分。

(3)比赛成绩由系统自动评分。

(4)若出现负分,则成绩计为0分。

(四)单据录入的成绩标准

单据录入的成绩标准如表3-4所示。

表 3-4　单据录入的成绩标准

省赛成绩	优秀（难）	良好（中）	合格（易）
400	10 分钟（五笔）		
分值	200 以上	100～200	50～100
占比	10%	50%	30%

三、学习评价

单据录入训练课程学案如表 3-5 所示。

表 3-5　单据录入训练课程学案

班级		姓名		上课时间		任课教师	
本节课主要内容							
出错的内容							
课后总结							
知识拓展							
自我评价							
教师评价							

思政园地

四川省攀枝花市警税联合依法查处一起
向医药企业虚开增值税发票案件

国家税务总局攀枝花市税务局稽查局根据精准分析线索，联合公安经侦部门依法查处一起向医药企业虚开增值税发票案件，捣毁虚开窝点4个。

经查，犯罪团伙控制多家医药咨询服务个体工商户，在没有开展真实业务的情况下，向多家医药企业虚开增值税普通发票56份，价税合计金额425万元。目前，犯罪分子宋波因犯虚开发票罪被判处有期徒刑1年，缓刑1年，并处罚金10万元。

国家税务总局攀枝花市税务局稽查局有关负责人表示，将进一步发挥税务、公安、法院、检察、人民银行、海关、市场监管、外汇管理八部门联合打击机制作用，聚焦重点领域、重点行业，对虚开发票、偷逃税款等违法犯罪行为重拳出击、严惩不贷，始终保持高压态势，积极营造更加规范公平的税收环境。

资料来源：国家税务总局官网新闻动态栏目发布的税案通报（2024年4月28日）。

项目四

五笔输入法技能

任务一　五笔字型的结构

一、训练目的

掌握汉字的五种笔画,熟悉五笔字型的结构。

二、训练内容

在数字化时代,输入法作为人机交互工具,种类繁多,各有特点。常见的输入法有拼音输入法、语音输入法、五笔输入法等。拼音输入法易于上手,但在输入一些生僻字或多音字时,可能需要花费额外的时间进行选择和确认;语音输入法受噪音、口音等因素影响,识别准确率下降;五笔输入法相比之下拥有独特的优势,如重码率低且输入速度快,对于财经专业的单据录入技能尤为重要。

五笔输入法是一种基于汉字的笔画和字形基础的编码形式,属于形码输入法。在使用五笔输入法输入汉字时不需要知道字的读音,只需要知道字的写法。重码率低,不受南北方言的影响。

五笔输入法既能输入单字,又能输入词汇,再复杂的汉字最多只需要击四次键。

(一) 汉字的五种笔画

在书写汉字时,总离不开汉字的五种笔画:横、竖、撇、捺、折。

横:凡运笔方向从左到右的笔画都归为此类。另外还常把"提笔"视为横。例如,"理"字,"王"字旁的最后一笔确切地说不是"横",而是"提",但我们把它视为"横"。

竖：凡运笔方向从上到下的笔画都归为此类，同时也把"竖左钩"也归为这一类，如"刘"字。

撇：凡从右上到左下的笔画归为此类。

捺：凡从左上到右下的笔画归为此类，习惯把"、"也包括在此类。

折：把所有转折的笔画（除了竖左钩）都归为此类，如"习、乃"等字。

（二）汉字的三种字型

我们把汉字各部分间位置关系类型称为字型。在五笔输入法中，把汉字分为三种字型：左右型、上下型、杂合型，如图4-1所示。

字型代号	字型	图示	字例	特 征
1	左右型	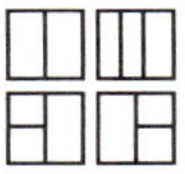	汉湖封结	字根之间可有间距，总体看是左右排列
2	上下型	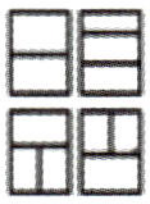	字莫花华	字根之间可有间距，总体看是上下排列
3	杂合型		国凶进司乘果	字根之间虽有间距，但不分上下左右；或浑然一体，不分块

图 4-1 汉字的三种字型

三、学习评价

五笔字型的结构课程学案如表 4-1 所示。

表 4-1　五笔字型的结构课程学案

班级		姓名		上课时间		任课教师	
本节课主要内容							
出错的内容							
课后总结							
知识拓展							
自我评价							
教师评价							

任务二　五笔字型字根

一、训练目的

掌握五笔字型字根,能够正确拆分字根。

二、训练内容

每个汉字都是由字根构成的,而每个字根又是由笔画组成的。正确地拆分字根是掌握五笔输入法的关键。五笔输入法是将每个汉字拆分成若干个字根,再根据笔画顺序输入字根的编码。因此,我们要记住每个键位所包含的所有字根。五笔字根图如图 4-2 所示。

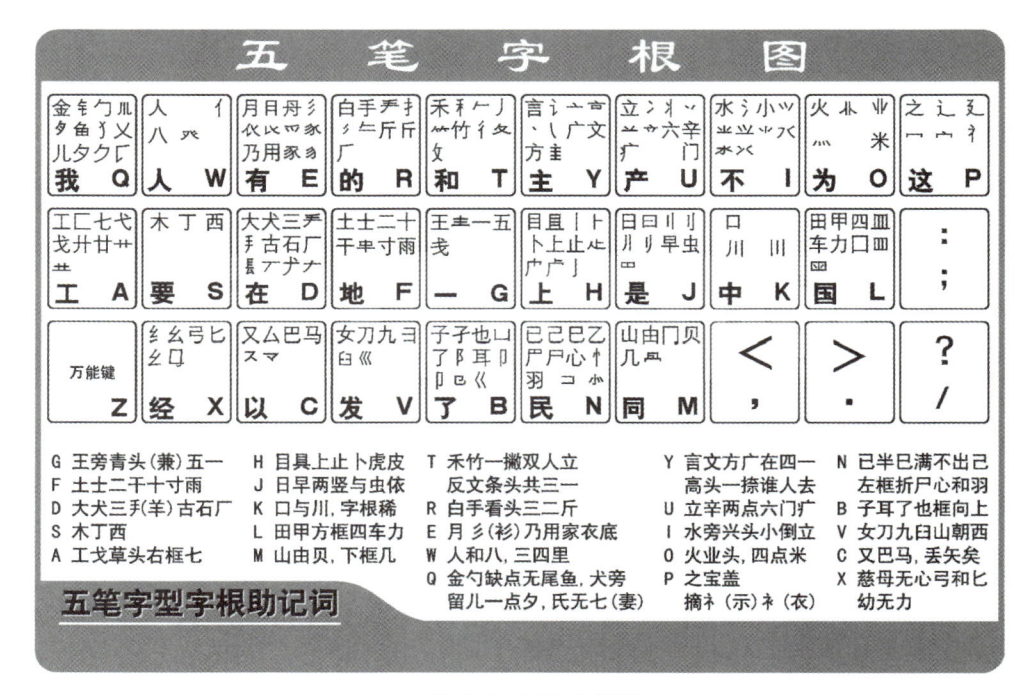

图 4-2　五笔字根图

三、学习评价

五笔字型字根课程学案如表 4-2 所示。

表 4-2　五笔字型字根课程学案

班级		姓名		上课时间		任课教师	
本节课主要内容							
出错的内容							
课后总结							
知识拓展							
自我评价							
教师评价							

任务三　五笔输入法汉字的拆分

一、训练目的

掌握五笔输入法汉字的拆分,能够正确拆分字根。

二、训练内容

拆字就是把一个汉字分解成五笔的字根。在书写汉字时,讲究"先左后右,先上后下,先横后竖,先撇后捺,先内后外,先中间后两边,先进门后关门"等书写顺序,所以我们将五笔输入法的拆字原则归纳为下面五个要点。

(一)顺序拆分

按正确的书写顺序进行拆分。

【举例】

新:应为"立、木、斤",而非"立、斤、木"。

中:应为"口、丨",而非"丨、口"。

夷:应为"一、弓、人",而非"大、弓"。

(二)取大优先

字根尽可能大,尽可能笔画多,再添一笔画便不能称为字根。

【举例】

世:应为"廿、乙",而非"艹、一、乙"。

(三)兼顾直观

为照顾汉字的完整性,有时会暂且忽略"书写顺序"和"取大优先"原则。

【举例】

国：按书写顺序拆分"冂、王、丶、一"，这样就破坏了这个字的直观性，所以我们把它拆成"囗、王、丶"。

自：按取大优先的及书写顺序为"亻、乙、三"，很不直观，所以我们把它拆分为"丿、目"。

（四）能散不连

笔画和字根之间，字根和字根之间的关系，可以有"散、连、交"三种。但有时一个汉字拆成的几个部分都是"复笔"（字根都不是单笔画），它们之间的关系常常在"散"和"连"之间，模棱两可。如："占""卜""严"等字既能"散"，又能"连"时，五笔输入法规定，只要不是单笔画一律按"能散不连"判别。这样的字还有"足、充、首、左、布、页、美、易、麦等。

（五）能连不交

当一个字既可拆成相连的几个部分，又可拆分成相交的几部分时，我们认为"相连"正确。拆分时还要注意：一个笔画不能割断在两个字根之间。

【举例】

生：应为"丿、青字头"。

开：应为"一、廾"。

果：应为"日、木"。

三、学习评价

五笔输入法汉字的拆分课程学案如表 4-3 所示。

表 4-3　五笔输入法汉字的拆分课程学案

班级		姓名		上课时间		任课教师	
本节课主要内容							
出错的内容							
课后总结							
知识拓展							
自我评价							
教师评价							

任务四　五笔简码的输入

一、训练目的

掌握五笔简码的输入,能够正确拆分字根。

二、训练内容

在五笔输入法中,输入一个单字或词组最多要四个键,但对于大多数常用汉字来说,可能只要一至三个键就可以了,我们称之为"简码"。

(一) 一级简码的输入

在 25 个键位上(除了 Z 键),每个键都安排了一个使用频率最高的汉字,称为"一级简码"。用一级简码输入汉字只需要按下键盘上对应字母键和空格键。例如,输入"要"这个字,按 S 键和空格键即可。

一级简码十分常用,在学习五笔字型时必须死记硬背。但它的分布也有一定规律,就是用第一笔画来进行分类,即横、竖、撇、捺、折起笔的分别放在 1、2、3、4、5 区,如图 4-3 所示。

图 4-3　一级简码的分布

另外,一级简码字在与其他汉字组成词组时,需要取其前一码或前两码。

(二) 二级简码的输入

"二级简码"是指只需敲击 2 次字母键,就可以打出的字,例如,"天""吵""肥""尖""奶"等字。二级简码的输入,如图 4-4 所示。

区	键					
撇区	T	生行知条长	处得各务向	笔物秀答称	入科秒秋管	秘季委么第
	R	后持拓打找	年提扣押抽	手折扔失换	扩拉朱搂近	所报扫反批
	E	且肝须采肛	慕胆肿肋肌	用遥朋脸胸	及胶腔眯爱	甩服妥肥脂
	W	全会估休代	个介保佃仙	作伯仍从你	信们偿伙忙	亿他分公化
	Q	钱针然钉氏	外旬名甸负	儿铁角欠多	久匀乐炙锭	包凶争色锴
捺区	Y	主计庆订度	让刘训为高	放诉衣认义	方说就变这	记离良充率
	U	闻半关亲并	站间部曾商	产瓣前闪交	六立冰普帝	决闽妆冯北
	I	汪法尖洒江	小浊澡渐没	少泊肖兴光	注洋水淡学	沁池当汉涨
	O	业灶类灯煤	粘烛炽烟灿	烽煌粗粉炮	米料炒炎迷	断籽娄烃糨
	P	定守害宁宽	寂审宫军宙	客宾家空宛	社实宵灾之	官字安　它
折区	N	怀导居怵民	收慢避惭届	必怕　愉懈	心习悄屡忧	忆敢恨怪尼
	B	卫际承阿陈	耻阳职阵出	降孤阴队隐	防联孙耿辽	也子限取陛
	V	姨寻姑杂毁	叟旭如舅妯	九姝奶妗婚	妨嫌录灵巡	刀好妇妈妈
	C	骊对参骠戏	骤台劝观	矣牟能难允	驻骈　驼	马邓艰双
	X	线结顷缃红	引旨强细纲	张绵级给约	纺弱纱继综	纪弛绿经比

图 4-4　二级简码的输入

五笔最终的目标是"打字",我们只要理解什么是"二级简码",甚至是"三级简码",学会拆字,就会打出来,不需要背。

三、学习评价

五笔简码的输入课程学案如表 4-4 所示。

表 4-4　五笔简码的输入课程学案

班级		姓名		上课时间		任课教师	
本节课主要内容							
出错的内容							
课后总结							
知识拓展							
自我评价							
教师评价							

任务五　五笔词组的输入

一、训练目的

掌握五笔词组的输入，能够正确输入词组。

二、训练内容

在五笔输入法中，输入一些常用词组可以提高输入速度，这些词组又分为二字词、三字词、四字词和多字词。

（一）二字词组的输入

二字词组中汉语词汇中占有很大比重，它的取码规则为：取第一个字和第二个字的前两个字根代码。例如：要输入"学生"这个词，只要输入 IPTG 四个键就可以了。

当键名字根及成字字根组成的词组时，要从这个字的全码中取前面两位编码。例如，要输入"子弹"这个词，就需要输入 BBXU。

（二）三字词组的输入

三字词的输入方法是：取前两个字的第一个字根码，最后一个字取前两码。例如，输入"高中生"这个词，就需要输入 YKTG。

（三）四字词组的输入

如果输入四个字的词，可以按单个汉字的字根取法，即取前三个字的第一个字根编码，再取最后一个字的第一个字根编码。例如，要输入"兴高采烈"这个词，就需要输入 IYEG。

（四）多字词组的输入

要输入多于四个字的词组，也是取第一、二、三和最后一个字的第一个字根码。例如，要输入"中华人民共和国"这个词，就需要输入 KWWL。

三、学习评价

五笔录入课程学案如表 4-5 所示。

表 4-5　五笔录入课程学案

班级		姓名		上课时间		任课教师	
本节课主要内容							
出错的内容							
课后总结							
知识拓展							
自我评价							
教师评价							

思政园地

五笔输入法作为一种汉字输入技术,虽然主要是关于编码和输入方法的,但也可以从思政的角度探讨其相关意义和价值。以下是一些关于五笔输入法与思政之间关系的思考。

首先,五笔输入法体现了中华文化的传承与创新。五笔输入法基于汉字的笔画和字形特征进行编码,这本身就是对汉字文化的尊重和传承。同时,五笔输入法通过科学的方法对汉字进行编码,提高了输入效率,又体现了对传统文化的创新和发展。这种传承与创新的结合,有助于增强学生的民族认同感和文化自信心。

其次,五笔输入法可以培养学生的耐心和专注力。学习五笔输入法需要记忆字根和编码规则,并需要通过大量练习来提高输入速度。这个过程需要学生付出一定的时间和努力,以培养他们的耐心和专注力。同时,使用五笔输入法进行文字输入时,也需要保持高度的专注,避免输入错误。这种专注力的培养,对于学生日后的学习和工作都具有积极的意义。

再次,五笔输入法也体现了实用主义的思想。五笔输入法相对于其他输入法具有重码率低、输入速度快的特点,特别适合于需要大量输入汉字的场景。这种实用主义的思想,强调实际效果和实用价值,符合现代社会对于高效、准确的需求。

最后,从思政的角度来看,五笔输入法也可以作为培养学生信息素养和技能的一个途径。在当今信息化社会,掌握一种高效的汉字输入方法对于个人的发展具有重要意义。通过学习五笔输入法,学生可以提高自己的信息素养和技能水平,更好地适应现代社会的需求。

综上所述,五笔输入法不仅是一种汉字输入技术,还蕴含着丰富的思政价值。学生通过学习和使用五笔输入法,可以传承中华优秀传统文化、培养耐心和专注力、体现实用主义思想,并提高自身信息素养和技能水平。

项目五

手工点钞技能

任务一　验钞知识

一、训练目的

通过学习验钞知识，学生能够掌握识别假币的技巧和方法，减少不必要的财产损失。

二、训练内容

（一）识别假币

1. 假币的种类

假币又称假钞，是指利用各种犯罪工具仿照真币，采用印刷、复印、拓印、影印、描绘及挖补、剪切、拼凑等方式加工制作的票币。假币可分为伪造假币和变造假币两种。

1) 伪造假币

伪造假币是指仿照真币的图案、形状、色彩等，采用各种制假手段制作的假币。伪造假币主要有机制胶印假币、誊印假币、复印假币、拓印假币、照相假币、描绘假币和复印制版技术合成假币等。

2) 变造假币

变造假币是指将人民币采用挖补、剪贴、拼凑、制皮、揭面、涂改等手段，以少变多，以小变大制成的变形票币。

2. 假币的特征

1) 伪造假币的特征

（1）伪造假币的水印大部分是在纸张夹层中涂布白色浆料，层次较差，图像模糊；有的则是在纸张表面描绘成水印图案，冒充水印。

（2）伪造假币纸张在紫外线光源下，多数有强烈的荧光反应。

(3) 伪造假币的正面、背面均采用全胶印(四色网点)方式印刷,大多墨色深浅不一,有的版面颜色偏深,有的偏淡,有的版面偏向于一种颜色。

(4) 伪造假币的制作纸张,一般使用普通纸张,与印钞纸相比,其手感平滑、软绵、厚薄也不均匀,票面无凹凸感。

(5) 伪造假币的安全线是在纸张夹层中放置的,纸与线有分离感;还有的假币则在正反两面各印刷一个条状图案,仔细观察便能看出破绽。

2) 变造假币的特征

变造假币的人为痕迹比较明显,比伪造假币易于辨认。如拼凑币,是经过人为分离破坏后,再进行拼凑而成,以达到以少变多的目的;揭面币,则是经过人为地揭去一面后,用其他纸张进行粘贴而成的,以达到以少换多的目的。

(二) 验钞的主要方法

验钞的主要方法包括人工鉴别法和机器检测法,工作中通常以人工鉴别为主,机器检测为辅。

1. 伪造假币的鉴别方法

假币当中伪造假币最多,鉴别伪造假人民币最常用的方法就是:一"看"、二"摸"、三"听"、四"比"、五"测"。

1) 看

看,就是采用看水印、看安全线、看光变油墨、看颜色和阴阳互补图案、看缩微文字的鉴别法。

(1) 看水印。水印是最安全、最可靠的大众防伪特征之一。第五套人民币的固定水印位于各券别纸币票面正面左侧的空白处,迎光透视,可以看到立体感很强的水印。100元、50元纸币固定水印为毛泽东头像图案。20元、10元、5元纸币的固定水印为花卉图案。真水印的特点层次分明、立体感强、透光观察清晰,而假币则水印模糊、无立体感、变形较大,由浅色油墨加印在纸张正、背面,不需要透视就能看到。确认水印真假有以下几种方法：

▲ 确定水印图案是否在正常位置，如果与固定水印图案的位置相差较大，一般来说很可能是假水印，但也有极少数真钞水印图案偏差也较大。

▲ 真钞水印图案的轮廓都相对清晰，图案造型柔润；而印刷或加盖的假水印，迎光透视，图案轮廓线条特别清晰，印在钞纸表面的假水印，从侧面倾斜对光看，可见有明显的印迹，在紫光灯照射下图案仍清晰可见，真钞却看不见。

▲ 真钞水印的人像神态自然，层次有立体感，黑、灰、白颜色过渡自然；而假钞水印人物神态呆板不自然，有的人物模糊不清。

▲ 真钞水印的正反两面，一面较为平整，另一面稍微有些凸起，用手摸有浮凸感。假钞水印两面都平整，在两张薄纸中间涂有糊状物质、加盖印戳的假水印，用手摸纸张虽然也有浮凸感，但有的太浮凸，对光透视水印部位纸张透光度很差，也比别的部位要厚。

（2）看安全线。安全线也是大众防伪特征之一。真币的安全线嵌于纸张内部，纸与线融为一体，迎光透视清晰可见，层次清楚，立体感强。假币的安全线是在纸张夹层中放置的，纸与线有分离感；还有的假币则在正反两面各印刷一个条状图案，仔细观察便能看出破绽。

第五套人民币纸币在各券别票面正面中间偏左，均有一条安全线。100元、50元纸币的安全线，迎光透视，分别可以看到缩微文字"RMB100""RMB50"，仪器检测均有磁性；20元纸币，迎光透视，是一条明暗相间的安全线；10元、5元纸币的安全线为全息磁性开窗式安全线，开窗部分分别可以看到由微缩字符"￥10""￥5"组成的全息图案，仪器检测有磁性。

（3）看光变油墨。第五套人民币100元和50元纸币正面左下方的面额数字"100""50"，均采用光变油墨印刷，将票面倾斜到一定角度时观察，100元纸币的面额数字为蓝色和绿色，50元纸币的面额数字为绿色和金色。

(4) 看颜色和阴阳互补图案。真币图案鲜明,花纹纹路精细清楚,颜色精美,光洁度好,色彩过渡自然准确,线条呈实线状结构。

100元、50元和10元纸币的正面左下方和背面右下方都印有一个圆形局部图案,迎光透视,两幅图案准确对接,组合成一个完整的古钱币图案。

(5) 看缩微文字。第五套人民币纸币各券别正面胶印图案中,多处均印有缩微文字。100元纸币的缩微文字为"RMB"和"RMB100";50元纸币的为"50"和"RMB50";20元纸币的为"RMB20";10元纸币的为"RMB10";5元纸币的为"RMB5"。可用5倍以上放大镜观察票面,观看缩微文字是否干净清晰。

2）摸

摸,即摸纸币的纸质、人像、盲文点以及中国人民银行行名。

(1) 抚摸纸币的手感是否有凹凸感,是否厚实,是否厚薄适中、挺括度好。真币纸质韧、挺括,手感厚实;假币纸质较薄,手感绵软。

(2) 摸人像、盲文点和中国人民银行行名等处是否有凹凸感。

(3) 第五套人民币纸币各券别正面主景均为毛泽东头像,采用手工雕刻凹版印刷工艺,形象逼真、传神,凹凸感强,易于识别。

3）听

听,就是听声音,通过抖动钞票使其发出声响,来分辨人民币真伪。人民币的纸张具有挺括、耐折、不易撕裂的特点,手持钞票用力抖动、手指轻弹或两手一张一弛轻轻对称拉动,能听到清脆响亮的声音。

4）比

比,就是进行对比识别。用一张真币和可疑票币进行对比观察;用票样对比观察可疑票币的局部图案和花纹;还可以从纸质、油墨、印刷技术等方面进行对比。

5）测

测，即借助一些简单的工具和专用的仪器来分辨人民币真伪。如借助放大镜可以观察票面线条清晰度及胶印、凹印微缩文字等；用紫外灯光照射票面，可以观察钞票纸张和油墨的荧光反应；用磁性检测仪可以检测黑色横号码的磁性。

企业的财务部门和商场、超市的收银台通常均配有验钞机，会计人员和收银人员对可疑钞票通过人工鉴别不能辨别真伪的情况下，可使用验钞机对可疑钞票进行真伪鉴别。

2. 变造假币的鉴别方法

对于变造假币的识别，主要是通过眼睛来鉴别。当发现可疑票币，经鉴定又排除其是伪造假币时，应认真、仔细地识别可疑票币是自然磨损，还是故意破坏。鉴别时应注意以下四点：

（1）仔细观察票面断裂处是不是被刀割、手撕等手段有意破坏扯断。

（2）仔细观察票面被割断后的花纹、线条是不是照原样衔接的。

（3）发现用纸条粘补的地方，应将纸条揭开，仔细观察断裂处是否有短缺；如果整个票面全部是被纸粘贴的，应将其撕开，看是否有一半的票面全部被揭去。

（4）如果发现可疑票币是两个半张粘在一起的，应仔细看两个半张是否属于同一张钞票。若发现两个半张不属于同一张钞票，则可疑票币属于变造假币。

（三）鉴别人民币真伪时应注意的问题

在鉴别人民币真伪时，常常会遇到一些表面图案损伤或变形的可疑钞票，但这些钞票并不属于假币，因此要仔细加以区别。

1. 钞票的纸幅、图案大小与票样不同

造成这种情况的原因有三方面：一是纸张厚薄规格不完全一致，纸张所受水分和压力大小不同，致使钞票纸张伸缩程度不同；二是截切方法掌握不一，因而花边四周的纸边也宽窄不一；三是钞票在流通中，由于气温湿度的变化和液体浸泡，也会影响纸张的伸缩性。因此，针对钞票纸幅或图案大小方面的情况，在鉴别时，把一张钞票纵横折叠起来，与票样进行对照就能够发现问题。

2. 钞票的花纹墨色深浅不同或者墨色发生变化

一般来说，钞票印刷所使用的油墨的化学性质是比较稳定的，具有耐磨、不易变色的特点。但这种稳定性也不是绝对的，在印刷中，由于纸张厚薄不同、印刷技术的原因或是原材料的差别，都会造成墨色有深有浅。而且钞票在流通中遇到较强的酸碱物质时，油墨也会起化学变化。气候条件不同或存放不当，同样会引起墨色的变化。这类问题原因较多，情况复杂，因此对这类钞票进行鉴别时一定要认真仔细。

（四）残损人民币的挑剔与兑换

残损人民币是指在人民币流通过程中，因长期使用造成票面残缺或污损而不能继续流通的人民币。造成人民币残损的原因很多，有的是由于长时间流通、自然磨损造成的，有的是由于水湿、油浸、虫蛀、鼠咬、火烧、霉烂而造成的。会计、收银人员在工作中，经常会收到残损人民币。掌握残损人民币的挑剔和兑换标准，对于保护企业资金安全，提高自身的服务质量，具有极为重要的意义。

1. 残损人民币的挑剔标准

金融部门对于残损人民币挑剔的具体标准如下：

（1）票面缺少一块，损及行名、花边、字头、号码、国徽之一者。

（2）裂口超过票幅1/3或票面裂口损及花边图案者。

（3）纸质较旧，四周或中间有裂缝或票面断开又粘补者。

（4）票面由于油浸、墨渍造成脏污面较大，或涂写字迹过多，妨碍票面整洁者。

（5）票面变色严重，影响图案清晰者。

（6）硬币破坏、穿孔、变形或磨损、氧化、腐蚀损坏部分花纹者。

以上挑剔标准只是一般规定,还应根据中国人民银行一定时期内的具体要求,结合实际情况灵活运用执行。

2. 残损人民币的兑换标准

残损人民币的兑换工作直接关系到各单位及广大人民群众的经济利益,涉及面广,政策性强,这就要求金融部门的现金出纳人员有较高的业务素质。在兑换过程中,应从实际出发,既要考虑各单位和人民群众的利益不受损失,又要警惕人为破坏,投机取利。

根据《中华人民共和国人民币管理条例》第22条规定:办理人民币存取业务的金融机构,应当按照中国人民银行的规定,无偿为公众兑换残缺、污损的人民币,挑剔残缺、污损的人民币,交存当地中国人民银行。对于残损人民币的兑换标准,中国人民银行规定:

(1) 凡残缺、污损人民币属于下列情况之一者,应持币向银行全额兑换:①票面残缺不超过1/5,其余部分的图案、文字能照原样连接者;②票面污损、熏焦、水湿、油浸、变色,但能辨别真假,票面完整或残缺不超过1/5,票面其余部分的图案、文字能照原样连接者。

(2) 票面残缺1/5以上至1/2,其余部分的图案、文字能照原样连接者,应持币向银行照原面额的半数兑换,但不得流通使用。

(3) 凡残缺、污损人民币属于下列情况之一者不予兑换:①票面残缺1/2以上者;②票面污损、熏焦、水湿、油浸、变色不能辨别真假者;③故意挖补、涂改、剪贴拼凑、揭去一面者。

凡不予以兑换的残缺、污损人民币,应由中国人民银行销毁,不能继续流通使用。

3. 残损人民币的兑换方法

开户单位可到自己开户银行的现金专柜去兑换残损人民币,公众可就近到办理人民币存取业务的金融机构去兑换。兑换时,由持票人填写统一格式的"残损票币兑换单",经办人员根据残损人民币兑换标准，仔细辨认票币的真伪、券别、张数等，待确定可兑换的金额后，征得持票人的同意，当面在残损票币上加盖"全额"或"半额"戳记及两名经办人员名章后，给予兑换。对于不能兑换的票币，原则上不再退还给持票人，如持票人不同意，可加盖"作废"戳记后再退还持票人。

三、学习评价

验钞知识课程学案如表 5-1 所示。

表 5-1　验钞知识课程学案

班级		姓名		上课时间		任课教师	
本节课主要内容							
出错的内容							
课后总结							
知识拓展							
自我评价							
教师评价							

任务二　手工点钞实操

一、训练目的

通过手工点钞实操训练,学生能够掌握手工点钞技能,做到快又准。

二、训练内容

(一) 认识点钞

1. 点钞用品及摆放

(1) 点钞用品包括练功券、扎钞条、会计印章、海绵缸、点钞甘油、计算器和笔,如图 5-1 至图 5-6 所示。

图 5-1　练功券

图 5-2　扎钞条

图 5-3　会计印章

图 5-4　海绵缸

图 5-5　点钞甘油

图 5-6　计算器和笔

（2）点钞用品摆放。

将练功券放在左侧，扎钞条放在右侧，扎钞条需要竖向对折，尾部翘起，错开摆放，海绵缸放在右上角，印章、计算器、笔和记录纸居中，如图5-7所示。

图5-7 点钞用具摆放

2. 点钞的基本程序和方法

点钞的基本程序包括拆把、点数、扎把、填写、盖章。

（1）拆把：左手将钞握成瓦状，右手食指扣住钞条向外拖拉，如图5-8所示。

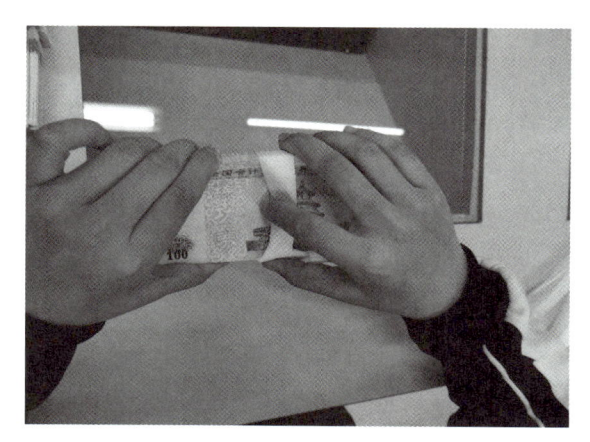

图5-8 拆把展示

（2）点数：以手持式单指单张为例，右手拇指拖住练功券，食指捻动练功券，如图5-9所示。

（3）扎把：左手持钞，将钞握成瓦状，右手食指和中指夹着扎钞条快速转动两圈半，右手食指夹钞，拇指向下翻折后快速

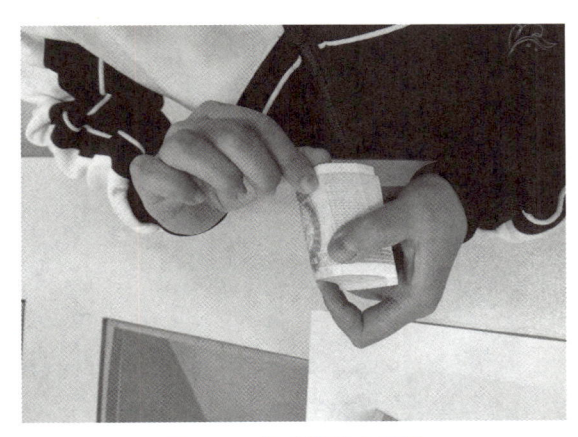

图 5-9　练功券清点展示

将钞条传送至左边,左手拇指快速将钞条接过下拉即可,如图 5-10 所示。

图 5-10　扎钞展示

5.1 扎钞

（4）填写：在纸上写下六种面额数量、金额以及合计,如图 5-11 所示。

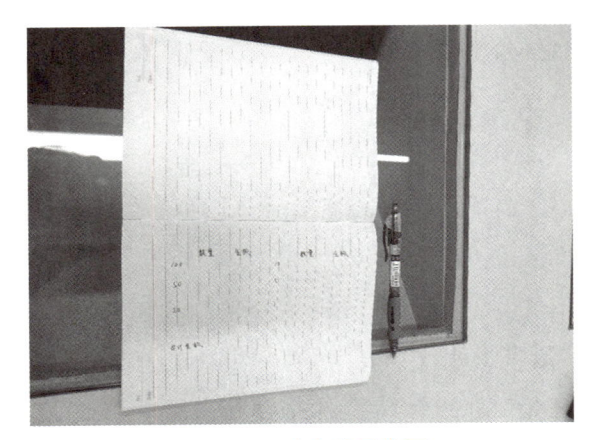

图 5-11　清点结果书写

（5）盖章：记录完张数后，右手快速拿起印章在练功券侧面盖章，保证印章清晰可见，即完成了该把练功券的清点工作，如图 5-12 所示。

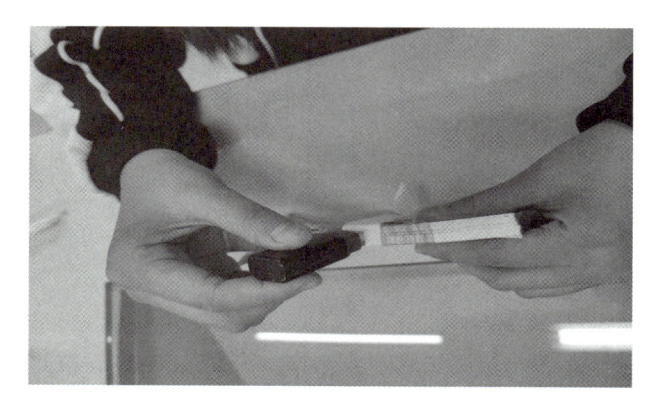

5.2 盖章

图 5-12　练功券盖章

点钞方法分为手工点钞和机器点钞。

其中，手工点钞分为手持式点钞（手持式单指单张和手持式多指多张）和手按式点钞（手按式单指单张、手按式多指多张）。

3. 清点计数方法

1）单指单张计数方法

1、2、3、4、5、6、7、8、9、(1)
1、2、3、4、5、6、7、8、9、(2)
1、2、3、4、5、6、7、8、9、(3)
1、2、3、4、5、6、7、8、9、(4)
1、2、3、4、5、6、7、8、9、(5)
1、2、3、4、5、6、7、8、9、(6)
1、2、3、4、5、6、7、8、9、(7)
1、2、3、4、5、6、7、8、9、(8)
1、2、3、4、5、6、7、8、9、(9)
1、2、3、4、5、6、7、8、9、(10)

2）多指多张计数方法

（1）三指三张点钞计数方法：采用分组计数法，点三张为一组计一个数，33 组多一张为 100 张。当组数到 29 时，需要注意,此时 30 计为 90,以此类推 93、96、99、100。

(2) 四指四张点钞计数方法:采用分组计数法,每次点四张为一组,计满 25 组为 100 张。

(二) 手持式单指单张点钞法

1. 持钞与拆把

(1) 双臂自然垂放,腰板挺直,身体与桌子边缘距离一拳,全神贯注目视练功券,做好点钞的准备工作,如图 5-13 所示。

5.3 手持式单指单张法

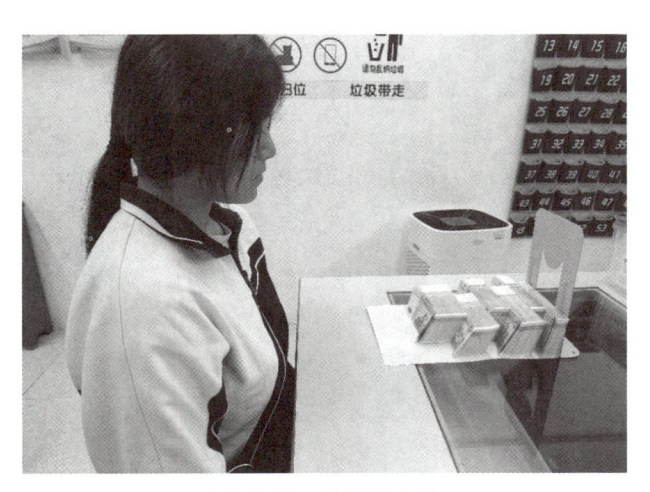

图 5-13　点钞前准备

(2) 左、右手分别握住练功券左右两端,使钞面形成弧形,右手食指扣住练功券上方的扎钞条,将其直接撕断或者向右快速拉动使其脱落,如图 5-14 所示。

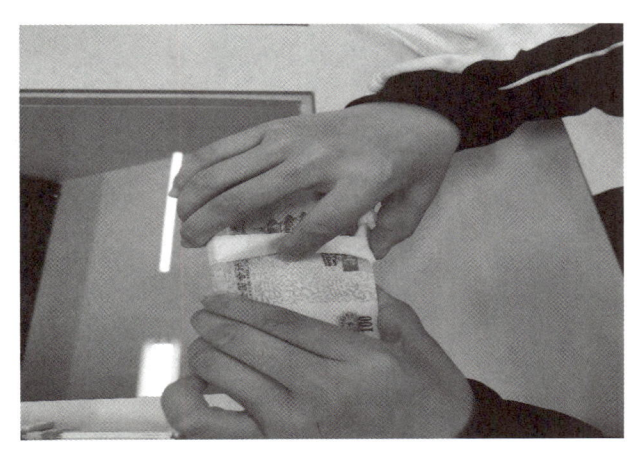

图 5-14　拆把展示

2. 单张清点

（1）左手中指弯曲放置练功券正面，左手小指、无名指、食指放置练功券背后。

（2）左手小指、无名指夹紧练功券，右手将练功券弯成曲面，食指弯曲扣住练功券的侧面，拇指轻放在练功券的短边。

（3）右手拇指将练功券侧面推成微扇面，用弯曲右手食指，手指侧面放在"练功"二字上，如图5-15所示。

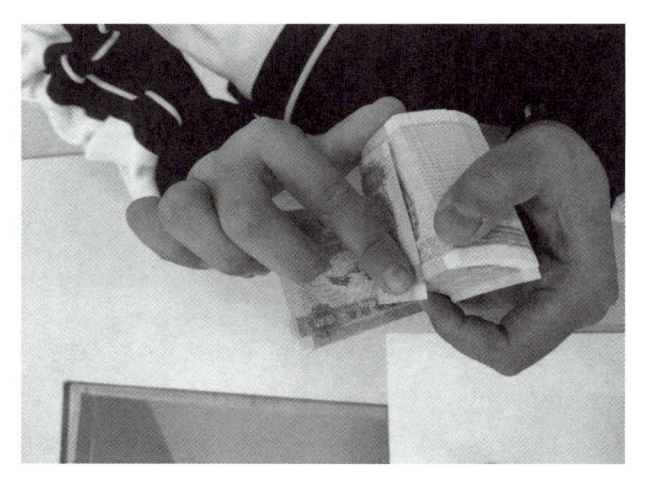

图 5-15　手持式单指单张清点

（4）清点完后，两手迅速握住练功券的短边将练功券墩齐，如图5-16所示。

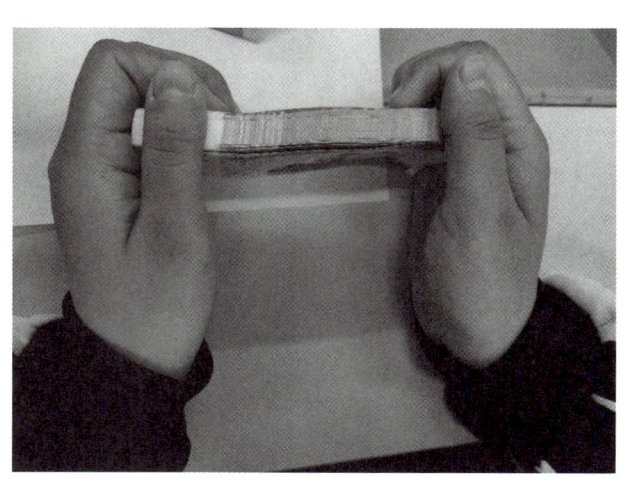

图 5-16　墩齐练功券

(三)手按式单指单张点钞法

(1)左手按照原动作放好,左手食指和拇指轻轻向内侧挤压,使练功券成为瓦状;右手食指勾住扎钞条,将其撕断或者抹掉,如图 5-17 所示。

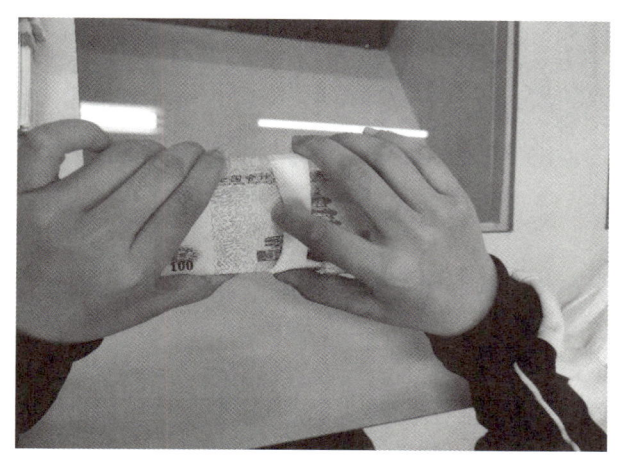

图 5-17 拆把展示

(2)将练功券移至桌子边沿,右下角的练功券悬空角度约为 45°,左手立起压住练功券的 2/3,如图 5-18 所示。

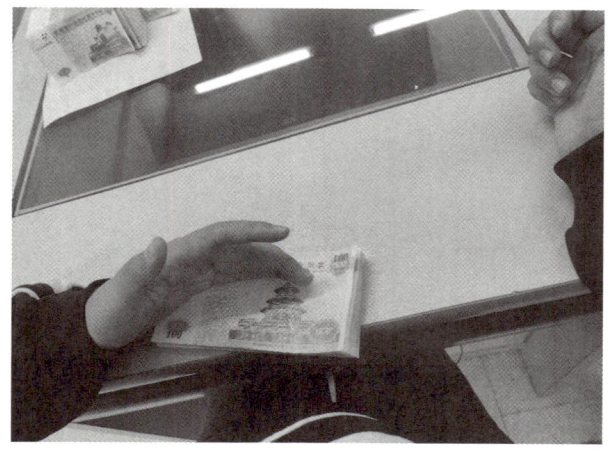

图 5-18 按压练功券

(3)左手按照摆放好的方式保持不动,右手拇指托起练功券右下角合适数量,每把练功券最多只能分两次托起,如图 5-19 所示。

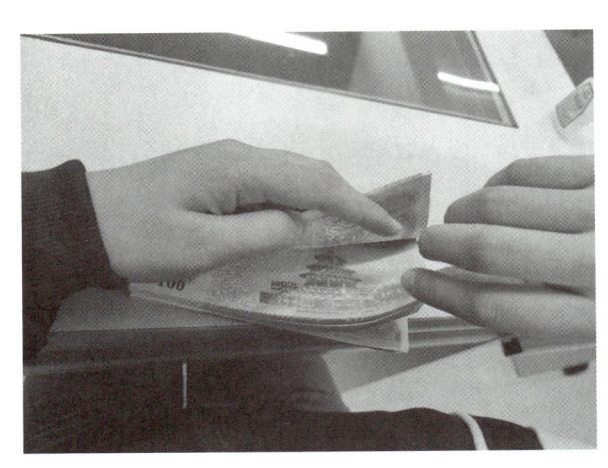

图 5-19　手按式单指单张清点

（四）手持式多指多张点钞法

1. 持钞

左手中指弯曲放置练功券正面，左手小指、无名指夹紧练功券，将练功券弯成曲面，食指弯曲扣住练功券的侧面，拇指放在练功券的短边，如图 5-20 所示。

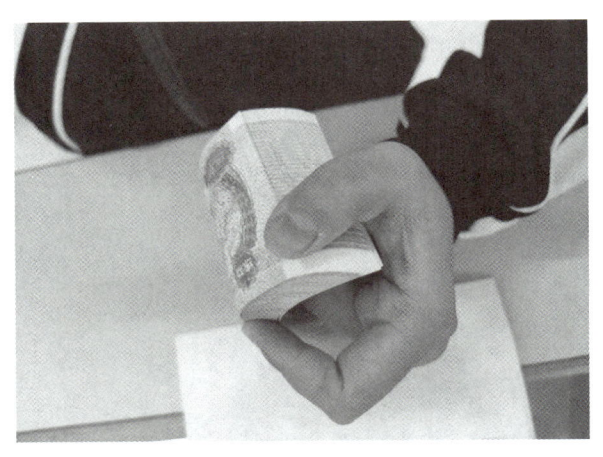

图 5-20　手持式多指多张持钞

2. 清点与计数

（1）右手腕抬起，右手小指、无名指、中指、食指依次弯曲摆放在练功券上，如图 5-21 所示。

（2）右手小手指侧面捻动练功券下方金额处，如图 5-22 所示。

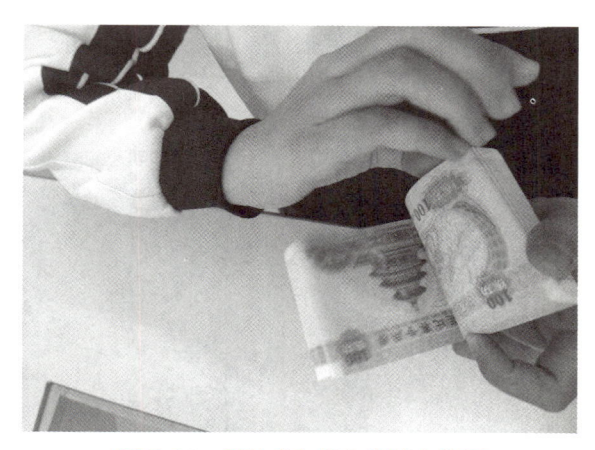

图 5-21　手持式多指多张清点位置

图 5-22　手持式多指多张小手指清点位置

（3）右手无名指侧面紧接着拇指捻动第二张练功券下方金额处，如图 5-23 所示。

图 5-23　手持式多指多张无名指清点位置

（4）右手中指侧面紧接着拇指捻动第三张练功券下方金额处，如图 5-24 所示。

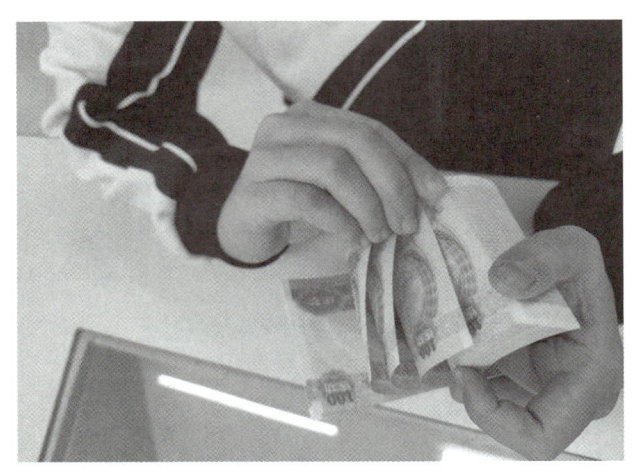

图 5-24　手持式多指多张中指清点位置

（5）右手食指侧面紧接着拇指捻动第四张练功券下方金额处，如图 5-25 所示。

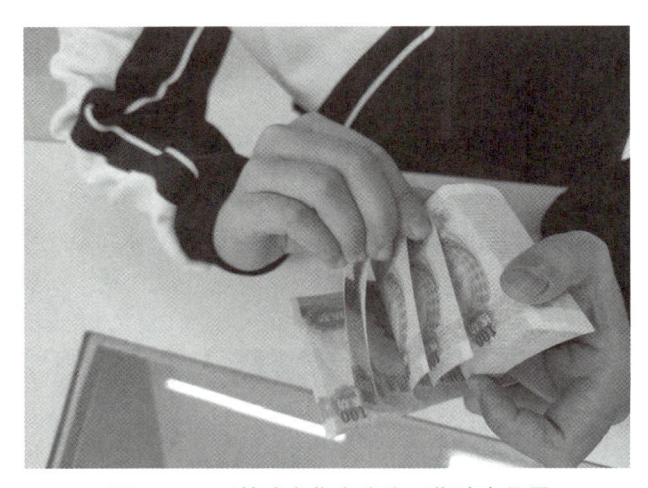

图 5-25　手持式多指多张小手指清点位置

（6）待右手四个手指并拢依次放在练功券上时，一起划下完成一轮四张的清点，同时左手因为练功券数量的减少不断调整拇指和食指的位置，如图 5-26 所示。

（7）在清点过程的同时计数，计数时采用四倍组记数，一边清点一边默计，切记不要数出声音。

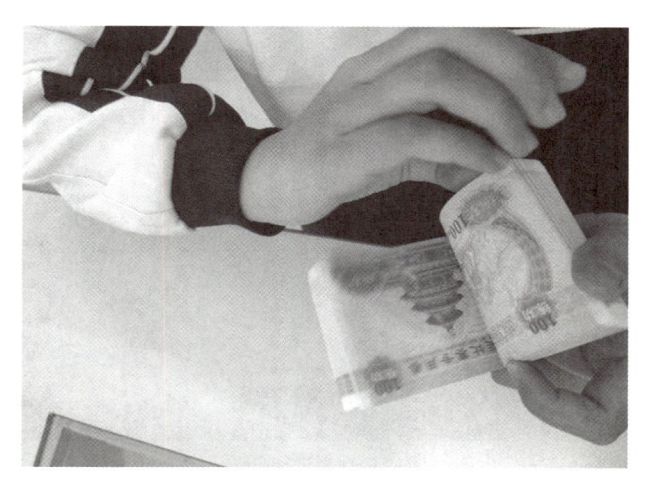

图 5-26　手持式多指多张清点

3. 扎把

（1）清点完练功券，两手将练功券墩齐，如图 5-27 所示。

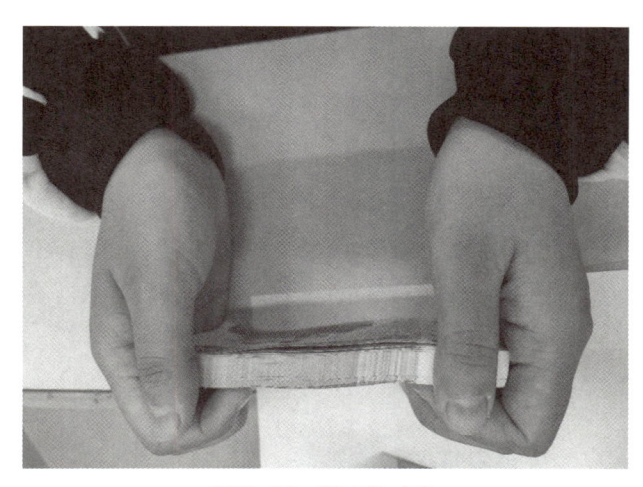

图 5-27　墩齐练功券

（2）左手将练功券压成瓦状，右手食指和中指、大拇指夹紧钞条并将钞条放置左手食指压住。右手食指和中指、大拇指夹紧练功券沿着练功券绕两圈半，如图 5-28 所示。

（3）右手大拇指、食指将扎钞条旋转 45°拇指将多余扎钞条从底部穿过，左手大拇指接过扎钞条并拉紧，完成扎钞，如图 5-29 所示。

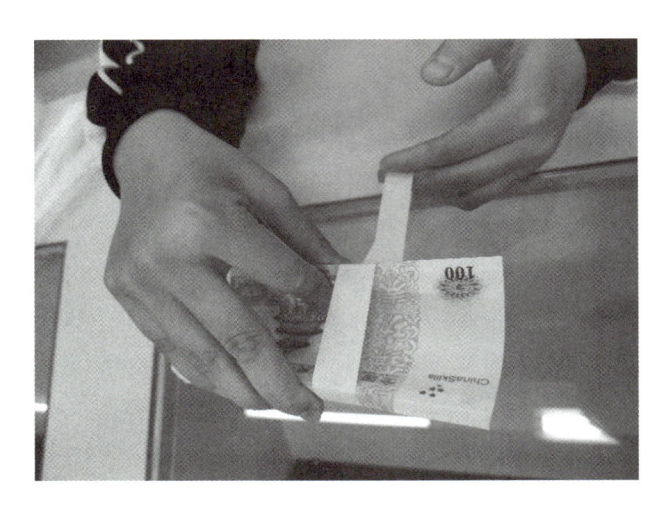

图 5-28　将练功券压成瓦状

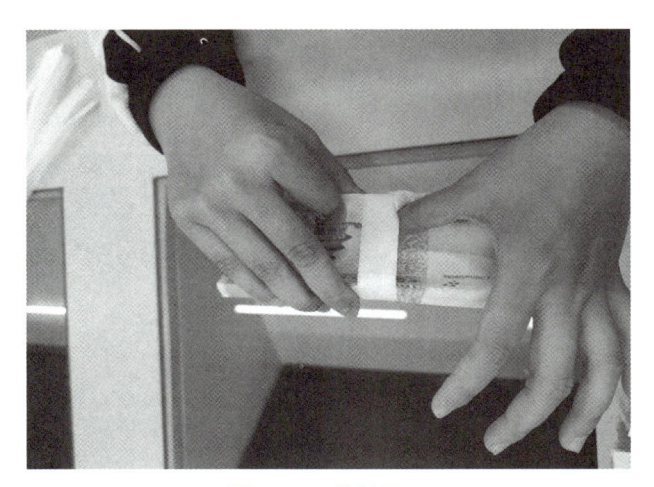

图 5-29　扎钞展示

(五) 手按式多指多张点钞法

1. 压钞

(1) 将练功券移至桌子边沿,右下角的练功券悬空角度约为 45°,左手立起压住练功券的 2/3,如图 5-30 所示。

(2) 左手按照摆放好的方式保持不动,右手拇指托起练功券右下角合适数量,每把练功券最多只能分两次托起,如图 5-31 所示。

2. 清点与计数

(1) 左手将练功券压住,右手拇指轻轻往练功券内侧推,无

图 5-30　手按式多指多张压钞

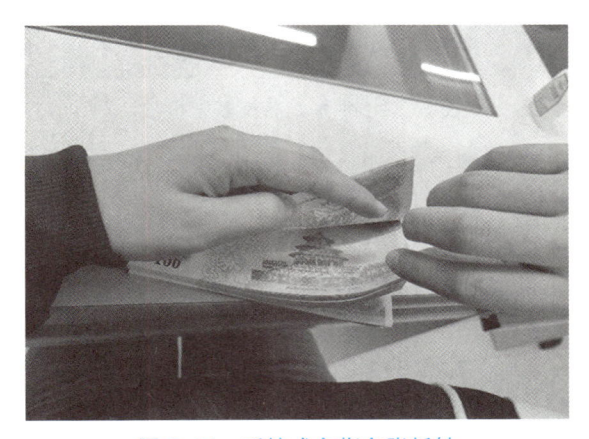

图 5-31　手按式多指多张托钞

名指捻拉练功券形成一个弧面,中指放入弧面中进行捻拉,再次形成一个弧面,食指放入弧面中进行捻拉形成弧面,如图 5-32 所示。

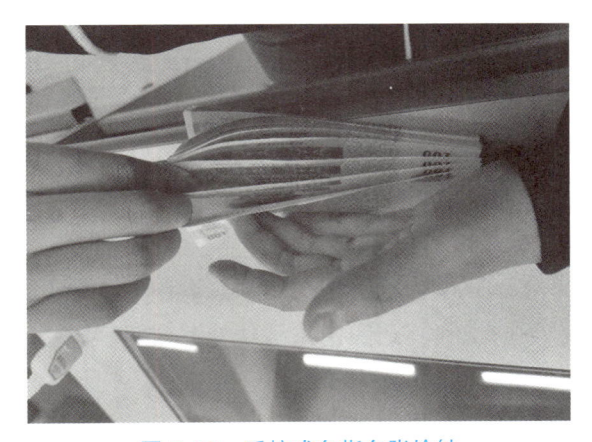

图 5-32　手按式多指多张捻钞

（2）左手拇指将右手清点完的练功券进行接收，如图 5-33 所示。

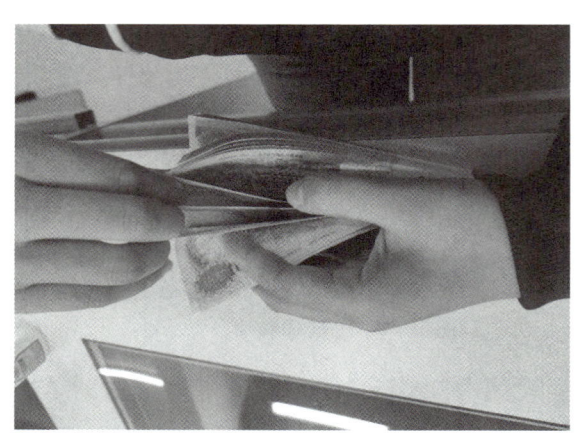

图 5-33　手按式多指多张接钞

（3）左手食指对拇指接收过来的练功券进行隔挡，如图 5-34 所示。

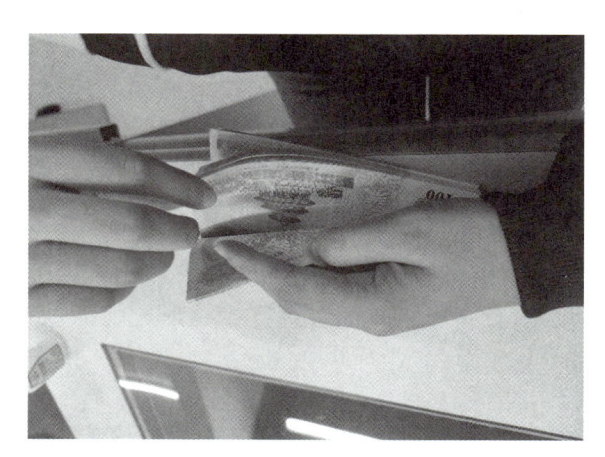

图 5-34　手按式多指多张隔钞

（4）在清点过程中进行计数，采用分组计数法，每 3 张为一组，33 组多 1 张为 100 张。

3. 扎钞

（1）清点完后迅速将练功券墩齐。

（2）左手拇指和其余四指将练功券捏成瓦状，右手食指、中指、拇指夹紧扎钞条。

（3）左手中指压住右手送来的练功券，右手绕着练功券转动两圈半即可。

（4）右手拇指、食指将扎钞条旋转45°,拇指将多余扎钞条从底部穿过，左手拇指接过扎钞条并拉紧，完成扎钞。

（六）竞赛项目——现金盘点

1. 竞赛要求

借助信息化移动终端设备和比赛平台，选手不限手法，在5分钟内对给定的一定数量、6种不同面额的练功券（3万元以内）进行规范清点、扎钞、盖章，并将每种面额的清点（张数、金额）结果输入信息化移动终端设备的专用现金盘点App程序界面。竞赛成绩由比赛平台自动生成。

5.5 现金盘点

2. 项目内容及要求

（1）比赛指法不限，一律以坐姿进行。点数动作要求为：抓把、点数、扎把、盖章（侧面）等，每100张为1把。要求点一把扎一把，扎把要求扎两圈，以扎把后提起任何一张离开桌面都抽不出来为扎紧。已清点的钞把都要盖章，盖章可点一把盖一章，也可以全部点完后一次性在需要盖章的每把扎条（侧面）上盖章，盖章以清晰可见为准。不得甩把，即未经清点的钞票不得作为已点把数，甩把则该把不得分。

（2）比赛过程中，在主裁判发出"请选手准备用品"口令后，选手可对备点的练功券、扎钞条、印章等进行检查和整理，并按个人习惯移动在合适的位置上；当主裁判发出"比赛准备开始，选手请听口令"，选手双手放置桌面以下；当主裁判发出"预备"口令时，选手可抓把；主裁判发出"开始"口令，选手才可点钞，否则为抢点；最后30秒时，由主裁判预告"30秒"，以便选手准备结束。

（3）主裁判发出"停"口令时，选手应立即停止点钞、扎把、盖章和录入成绩，双手无任何物品，否则为超时点。比赛结束后，选手按要求配合裁判质检和量检。

3. 评分规则

（1）每种不同面额的练功券每张均按0.1分计分。

（2）同一面额的练功券总张数点错或没有全部点完，则该面额不得分；同一面额的练功券整把＋散把总张数正确，得分为正确总张数×0.1分。

(3) 扣分项。

第一，清点后扎把整把张数不为100张，则每把扣10分（不重复扣扎把不规范和盖章不清晰的分）；散张数错误的，按错误答案散把张数×0.1分扣分。

第二，凡是不按规范程序操作点一把扎一把的或点好未放在桌面，在点对张数的情况下，由现场裁判在评分表的"错把栏"内按每把扣10分；扎把不符合要求每把扣2分；腰条盖章不清每把扣1分。

第三，现金盘点表上未盖章或盖章位置错误的扣2分；抢点、超时点、甩把均扣10分。

(4) 加分项。

第一，同一面额的练功券总张数正确，且该面额练功券的金额正确，该面额项加2分。

第二，现金盘点表总金额正确再加10分。

4. 现金盘点流程

(1) 正确摆放点钞物品，选手根据实际情况摆放练功券，摆放时注意错开以防起钞时起错面额，平板、计算器、印章、油缸摆在中间方便使用，扎钞条放置最右侧，扎钞条长边对折，任意选择一边反向折起方便抽取扎钞条，如图5-35所示。

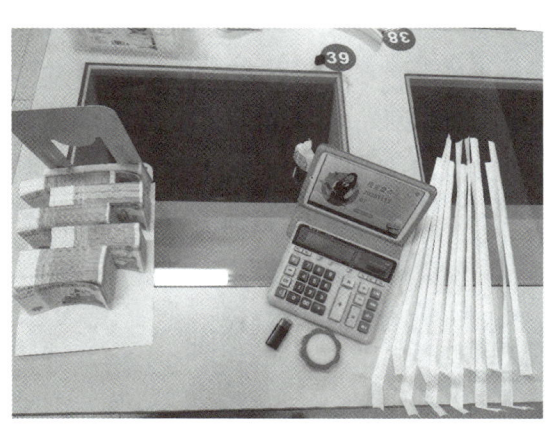

图 5-35 现金盘点用具摆放

(2) 根据现场收取的选手号进行录入,点击【确认】按钮进入界面,如图 5-36 和图 5-37 所示。

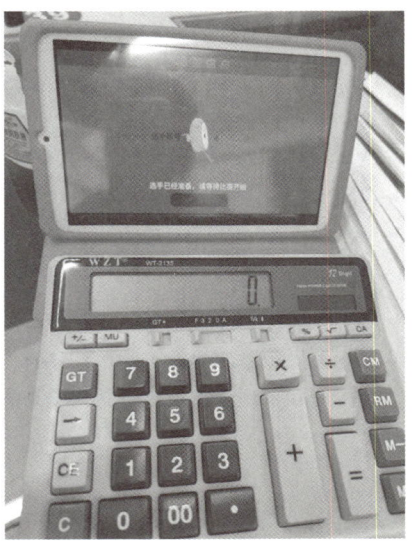

图 5-36　现金盘点账号录入

图 5-37　现金盘点软件登录

(3) 清点练功券并将清点张数以及金额录入平板中,如图 5-38 和图 5-39 所示。

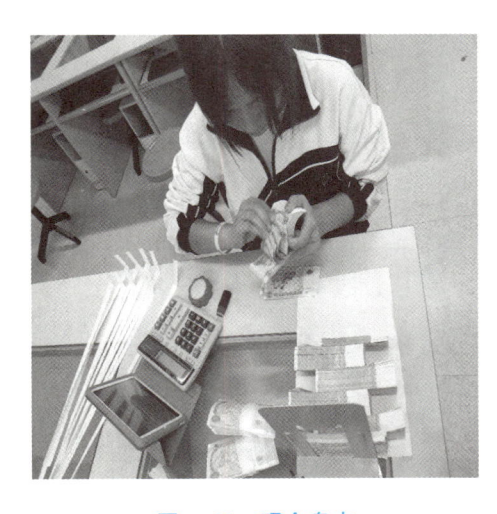

图 5-38　现金盘点

图 5-39　现金盘点软件录入界面

(4) 清点时间停止时,平板将会自动计算点钞分数,选手和裁判进行分数确认,如图 5-40 和图 5-41 所示。

图 5-40　现金盘点软件结果提交界面　　图 5-41　现金盘点软件结果展示界面

三、学习评价

手工点钞课程学案如表 5-2 所示。

表 5-2　手工点钞课程学案

班级		姓名		上课时间		任课教师	
本节课主要内容							
出错的内容							
课后总结							
知识拓展							
自我评价							
教师评价							

思政园地

手工点钞作为一种传统的货币计数方式,不仅具有实际应用价值,更蕴含着丰富的思政内涵。以下是对手工点钞相关思政内容的探讨:

首先,手工点钞体现了细致严谨的工作态度。在进行点钞工作时,每一个步骤都需要精细操作,不能有丝毫马虎。这种对细节的关注和严谨的态度,正是我们在日常生活中所应该秉持的。无论是在学习、工作还是生活中,我们都应该注重细节,追求卓越,不断提高自己的专业素养和综合能力。

其次,手工点钞锻炼了耐心和毅力。点钞工作往往需要长时间保持高度集中的注意力,这对人的耐心和毅力是一种考验。通过反复练习和实践,我们可以逐渐培养起这种精神品质,使自己在面对困难和挑战时能够坚持不懈,勇往直前。

再次,手工点钞还体现了诚信和责任感。在点钞过程中,我们需要保证每一张钞票的准确性和真实性,这是对他人和社会的负责。同时,诚信也是我们在社会交往中应该遵守的基本道德规范,只有诚实守信,才能赢得他人的信任和尊重。

最后,手工点钞还可以作为思政教育的实践活动。通过组织学生进行手工点钞比赛或实践活动,学生可以亲身体验到点钞工作的辛苦和乐趣,从而加深对细致严谨、耐心毅力、诚信责任等思政内容的理解和感悟。

综上所述,手工点钞不仅是一种实用的货币计数方式,更是一种蕴含着丰富思政内涵的实践活动。通过参与手工点钞,我们可以不断提升自己的综合素质和道德水平,为未来的成长和发展奠定坚实的基础。

项目六

实训练习

任务一　会计数字书写及运用

实训要求：

1. 按照标准写法进行数字书写练习,每周完成一组(第 1 周至第 15 周)。

2. 按照要求书写对应的大写金额或对应的小写金额,每周完成一组(第 16 周至第 20 周)。

会计数字练习用纸

第 1 周

1										
2										
3										
4										
5										
6										
7										
8										
9										
0										
1										
2										
3										
4										
5										
6										
7										
8										
9										
0										

第 2 周

1												
2												
3												
4												
5												
6												
7												
8												
9												
0												
1												
2												
3												
4												
5												
6												
7												
8												
9												
0												

第 3 周

1											
2											
3											
4											
5											
6											
7											
8											
9											
0											
1											
2											
3											
4											
5											
6											
7											
8											
9											
0											

第 4 周

1												
2												
3												
4												
5												
6												
7												
8												
9												
0												
1												
2												
3												
4												
5												
6												
7												
8												
9												
0												

第 5 周

1												
2												
3												
4												
5												
6												
7												
8												
9												
0												
1												
2												
3												
4												
5												
6												
7												
8												
9												
0												

第6周

1											
2											
3											
4											
5											
6											
7											
8											
9											
0											
1											
2											
3											
4											
5											
6											
7											
8											
9											
0											

第 7 周

| 1 |
| 2 |
| 3 |
| 4 |
| 5 |
| 6 |
| 7 |
| 8 |
| 9 |
| 0 |
| 1 |
| 2 |
| 3 |
| 4 |
| 5 |
| 6 |
| 7 |
| 8 |
| 9 |
| 0 |

第8周

1												
2												
3												
4												
5												
6												
7												
8												
9												
0												
1												
2												
3												
4												
5												
6												
7												
8												
9												
0												

第 9 周

1												
2												
3												
4												
5												
6												
7												
8												
9												
0												
1												
2												
3												
4												
5												
6												
7												
8												
9												
0												

第 10 周

1											
2											
3											
4											
5											
6											
7											
8											
9											
0											
1											
2											
3											
4											
5											
6											
7											
8											
9											
0											

第 11 周

1											
2											
3											
4											
5											
6											
7											
8											
9											
0											
1											
2											
3											
4											
5											
6											
7											
8											
9											
0											

第 12 周

1												
2												
3												
4												
5												
6												
7												
8												
9												
0												
1												
2												
3												
4												
5												
6												
7												
8												
9												
0												

第 13 周

1											
2											
3											
4											
5											
6											
7											
8											
9											
0											
1											
2											
3											
4											
5											
6											
7											
8											
9											
0											

第 14 周

| 1 |
| 2 |
| 3 |
| 4 |
| 5 |
| 6 |
| 7 |
| 8 |
| 9 |
| 0 |
| 1 |
| 2 |
| 3 |
| 4 |
| 5 |
| 6 |
| 7 |
| 8 |
| 9 |
| 0 |

第 15 周

1												
2												
3												
4												
5												
6												
7												
8												
9												
0												
1												
2												
3												
4												
5												
6												
7												
8												
9												
0												

第 16 周

小写金额	中文大写金额（人民币）
￥0.08	
￥0.60	
￥2.00	
￥17.08	
￥630.06	
￥4 020.70	
￥15 006.09	
￥13 000.40	
￥110 060.20	
￥99 504 318.06	

中文大写金额（人民币）	小写金额
人民币贰拾陆万伍仟肆佰叁拾贰元伍角捌分	
人民币叁佰肆拾伍万陆仟柒佰捌拾玖元贰角壹分	
人民币肆拾伍万陆仟柒佰捌拾玖元贰分	
人民币壹亿贰仟叁佰肆拾伍万陆仟柒佰捌拾玖元整	
人民币贰万伍仟陆佰捌拾捌元整	
人民币壹佰贰拾玖元伍角整	
人民币肆仟零贰拾元柒角整	
人民币壹万伍仟零陆元零玖分	
人民币陆拾贰元伍角叁分	
人民币陆仟零贰拾贰元捌角	

第 17 周

小写金额	中文大写金额（人民币）
￥10.90	
￥24.02	
￥156.00	
￥255 080.03	
￥600.05	
￥970 060.03	
￥711 402.30	
￥183 090.02	
￥50 000.03	
￥199 904 308.03	

中文大写金额（人民币）	小写金额
人民币壹仟肆佰零玖元伍角	
人民币陆仟零柒元壹角肆分	
人民币壹拾万柒仟元伍角叁分	
人民币壹仟贰佰叁拾肆元伍角陆分	
人民币伍佰万元整	
人民币壹佰玖拾柒万肆仟伍佰叁拾柒元捌角九分	
人民币伍仟陆佰柒拾捌元零壹分	
人民币肆仟零肆元肆角整	
人民币壹仟伍佰元伍角整	
人民币叁仟壹佰肆拾壹元伍角九分	

第 18 周

小写金额	中文大写金额（人民币）
¥269 000 000.05	
¥880.02	
¥23.99	
¥1 695 000.70	
¥123.05	
¥756 962.03	
¥456 000 367.00	
¥361 045.13	
¥69 127.80	
¥510 265 012.99	

中文大写金额（人民币）	小写金额
人民币柒万零玖佰零叁元整	
人民币柒万捌仟零玖元伍角整	
人民币壹仟贰佰叁拾玖元伍角肆分	
人民币陆佰壹拾玖万捌仟陆佰玖拾叁元整	
人民币捌佰贰拾陆万肆仟玖佰贰拾肆元整	
人民币伍佰壹拾陆万伍仟伍佰柒拾柒元伍角整	
人民币柒拾贰万捌仟肆佰壹拾陆元伍角整	
人民币叁拾万肆仟陆佰玖拾玖元整	
人民币贰仟零陆拾陆万贰仟叁佰壹拾元整	
人民币壹佰贰拾玖元伍角整	

第 19 周

小写金额	中文大写金额（人民币）
￥145 023.32	
￥12 012.12	
￥645.78	
￥374 478 103.09	
￥2 365.77	
￥41 379.00	
￥222 010 350.00	
￥1 378 975.07	
￥37 901.23	
￥756 223 403.63	

中文大写金额（人民币）	小写金额
人民币陆拾贰元伍角叁分	
人民币壹拾万伍仟壹佰壹拾元零壹角壹分	
人民币玖拾万零柒拾元零叁分	
人民币贰拾捌万玖仟伍佰肆拾陆元陆角贰分	
人民币柒亿三千玖佰元整	
人民币肆仟伍佰陆拾元零叁角	
人民币贰拾万陆仟元零柒角伍分	
人民币壹拾万柒仟元零伍角叁分	
人民币壹仟陆佰捌拾元零叁角贰分	
人民币陆仟零柒元壹角肆分	

第 20 周

小写金额	中文大写金额（人民币）
￥33 178.69	
￥24 021.00	
￥134 568.09	
￥762 406 006.20	
￥0.42	
￥9 347.02	
￥985 012 370.10	
￥23 479 123.45	
￥79 123.01	
￥459 025 001.10	

中文大写金额（人民币）	小写金额
人民币叁佰贰拾伍元零肆分	
人民币壹万陆仟肆佰零玖元零贰分	
人民币壹拾捌亿伍仟零贰拾万零壹分	
人民币叁仟陆佰万零玖佰贰拾元整	
人民币肆角捌分	
人民币贰佰伍拾叁元玖分	
人民币捌拾玖万零柒仟柒佰叁拾壹元陆分	
人民币玖仟零壹拾万零玖佰零肆分	
人民币伍仟柒佰贰拾元零叁分	
人民币陆万壹仟零柒拾元整	

任务二　翻打传票

实训要求：每周完成10组20页翻打（限时5分钟），共20周。

第1周

A面

起止页数	行数	答案
1～21	（一）	
9～38	（三）	
4～43	（五）	
5～84	（二）	
1～49	（五）	
2～30	（三）	
8～67	（一）	
6～35	（四）	
1～39	（三）	
9～98	（四）	

第2周

B面

起止页数	行数	答案
1~21	（一）	
9~38	（三）	
4~43	（五）	
5~84	（二）	
1~49	（五）	
2~30	（三）	
8~67	（一）	
6~35	（四）	
0~39	（三）	
9~98	（四）	

第 3 周

C 面

起止页数	行数	答案
1～21	（一）	
9～38	（三）	
4～43	（五）	
5～84	（二）	
1～49	（五）	
2～30	（三）	
8～67	（一）	
6～35	（四）	
1～39	（三）	
9～98	（四）	

第 4 周

D 面

起止页数	行数	答案
1～21	（一）	
9～38	（三）	
4～43	（五）	
5～84	（二）	
1～49	（五）	
2～30	（三）	
8～67	（一）	
6～35	（四）	
1～39	（三）	
9～98	（四）	

第 5 周

A 面

起止页数	行数	答案
6～35	（五）	
5～44	（一）	
5～84	（四）	
6～35	（二）	
1～60	（一）	
1～24	（三）	
2～31	（二）	
1～80	（四）	
4～93	（三）	
2～71	（一）	

第6周

B 面

起止页数	行数	答案
6～35	（五）	
5～44	（一）	
5～84	（四）	
6～35	（二）	
1～60	（一）	
1～24	（三）	
2～31	（二）	
1～80	（四）	
4～93	（三）	
2～71	（一）	

第7周

C面

起止页数	行数	答案
6～35	（五）	
5～44	（一）	
5～84	（四）	
6～35	（二）	
1～60	（一）	
1～24	（三）	
2～31	（二）	
1～80	（四）	
4～93	（三）	
2～71	（一）	

第8周

D 面

起止页数	行数	答案
6～35	（五）	
5～44	（一）	
5～84	（四）	
6～35	（二）	
1～60	（一）	
1～24	（三）	
2～31	（二）	
1～80	（四）	
4～93	（三）	
2～71	（一）	

第 9 周

A 面

起止页数	行数	答案
1～23	（五）	
8～97	（二）	
1～40	（一）	
1～70	（四）	
9～98	（一）	
1～59	（三）	
8～37	（二）	
3～92	（四）	
2～30	（五）	
4～83	（一）	

第 10 周

B 面

起止页数	行数	答案
1～23	(五)	
8～97	(二)	
1～40	(一)	
1～70	(四)	
9～98	(一)	
1～59	(三)	
8～37	(二)	
3～92	(四)	
2～30	(五)	
4～83	(一)	

第 11 周

C 面

起止页数	行数	答案
1～23	(五)	
8～97	(二)	
1～40	(一)	
1～70	(四)	
9～98	(一)	
1～59	(三)	
8～37	(二)	
3～92	(四)	
2～30	(五)	
4～83	(一)	

第 12 周

D 面

起止页数	行数	答案
1～23	（五）	
8～97	（二）	
1～40	（一）	
1～70	（四）	
9～98	（一）	
1～59	（三）	
8～37	（二）	
3～92	（四）	
2～30	（五）	
4～83	（一）	

第13周

A 面

起止页数	行数	答案
4～43	（一）	
8～37	（二）	
1～90	（五）	
1～30	（四）	
9～88	（二）	
1～49	（四）	
5～34	（二）	
3～52	（一）	
2～90	（五）	
4～63	（三）	

第 14 周

B 面

起止页数	行数	答案
4～43	(一)	
8～37	(二)	
1～90	(五)	
1～30	(四)	
9～88	(二)	
1～49	(四)	
5～34	(二)	
3～52	(一)	
2～90	(五)	
4～63	(三)	

第 15 周

C 面

起止页数	行数	答案
4～43	（一）	
8～37	（二）	
1～90	（五）	
1～30	（四）	
9～88	（二）	
1～49	（四）	
5～34	（二）	
3～52	（一）	
2～90	（五）	
4～63	（三）	

第 16 周

D 面

起止页数	行数	答案
4～43	（一）	
8～37	（二）	
1～90	（五）	
1～30	（四）	
9～88	（二）	
1～49	（四）	
5～34	（二）	
3～52	（一）	
2～90	（五）	
4～63	（三）	

第 17 周

A 面

起止页数	行数	答案
1~22	(五)	
1~69	(一)	
9~68	(五)	
1~26	(三)	
5~54	(二)	
5~84	(四)	
2~41	(二)	
9~58	(一)	
1~79	(三)	
1~99	(三)	

第 18 周

B 面

起止页数	行数	答案
1～22	(五)	
1～69	(一)	
9～68	(五)	
1～26	(三)	
5～54	(二)	
5～84	(四)	
2～41	(二)	
9～58	(一)	
1～79	(三)	
1～99	(三)	

第 19 周

C 面

起止页数	行数	答案
1～22	（五）	
1～69	（一）	
9～68	（五）	
1～26	（三）	
5～54	（二）	
5～84	（四）	
2～41	（二）	
9～58	（一）	
1～79	（三）	
1～99	（三）	

第 20 周

D 面

起止页数	行数	答案
1～22	（五）	
1～69	（一）	
9～68	（五）	
1～26	（三）	
5～54	（二）	
5～84	（四）	
2～41	（二）	
9～58	（一）	
1～79	（三）	
1～99	（三）	

任务三　五笔打字练习

实训要求：按照各题具体要求完成五笔打字练习，于每周课后进行，共 10 周。

一、键名字根练习（写出下列键名字根所对应的编码）

金（　）　木（　）　水（　）　火（　）　土（　）　人（　）
言（　）　又（　）　山（　）　王（　）　口（　）　田（　）
之（　）　白（　）　工（　）　女（　）　己（　）

二、五种单笔画练习（写出下列五种单笔画所对应的编码）

一（　）　丨（　）　丿（　）　丶（　）　乙（　）

三、四或四以上字根的"合体字"练习（写出给出汉字的字根组成及编码，按照正确的书写顺序取字根拆字）

唐＝（　）（　）　　续＝（　）（　）　　紧＝（　）（　）
容＝（　）（　）　　酸＝（　）（　）　　露＝（　）（　）
裂＝（　）（　）　　暴＝（　）（　）　　缝＝（　）（　）
蓬＝（　）（　）　　藏＝（　）（　）　　该＝（　）（　）
频＝（　）（　）　　骚＝（　）（　）　　糕＝（　）（　）
慈＝（　）（　）　　瓶＝（　）（　）　　蒸＝（　）（　）
馏＝（　）（　）　　液＝（　）（　）　　键＝（　）（　）
源＝（　）（　）　　制＝（　）（　）　　储＝（　）（　）
横＝（　）（　）　　撇＝（　）（　）　　食＝（　）（　）

编＝（ ）（ ）　　窗＝（ ）（ ）　　帮＝（ ）（ ）
需＝（ ）（ ）　　捺＝（ ）（ ）　　便＝（ ）（ ）
输＝（ ）（ ）　　街＝（ ）（ ）　　摘＝（ ）（ ）

四、二或二以上字根的"合体字"练习（写出给出汉字的字根组成及编码，按照取大优先原则拆字）

适＝（ ）（ ）　　除＝（ ）（ ）　　判＝（ ）（ ）
草＝（ ）（ ）　　产＝（ ）（ ）

五、二或二以上字根的"合体字"练习（写出给出汉字的字根组成及编码，按照兼顾直观原则拆字）

自＝（ ）（ ）　　丰＝（ ）（ ）　　甩＝（ ）（ ）
卡＝（ ）（ ）　　久＝（ ）（ ）

六、二或二以上字根的"合体字"练习（写出给出汉字的字根组成及编码，按照取大优先、兼顾直观、能散不连、能连不交原则拆字）

天＝（ ）（ ）　　开＝（ ）（ ）　　于＝（ ）（ ）
午＝（ ）（ ）　　生＝（ ）（ ）　　末＝（ ）（ ）
未＝（ ）（ ）　　果＝（ ）（ ）　　羊＝（ ）（ ）

七、识别码练习、二或二以上字根的"合体字"练习（写出给出汉字识别码）

把＝RC（ ）　　反＝RC（ ）　　务＝TL（ ）　　血＝TL（ ）
备＝TL（ ）　　吧＝KC（ ）　　叹＝KC（ ）　　吗＝KC（ ）
杜＝SF（ ）　　杆＝SF（ ）　　材＝SF（ ）　　卡＝HH（ ）
逐＝EP（ ）　　召＝VK（ ）　　市＝YM（ ）　　化＝（ ）
轨＝（ ）　　伦＝（ ）　　历＝DL（ ）　　叉＝CY（ ）

头＝UD（ ） 勾＝QC（ ） 闯＝UC（ ） 图＝LTU（ ）
代＝WA（ ） 仑＝WX（ ） 延＝THP（ ） 谜＝YOP（ ）
浅＝IG（ ）

八、成字字根汉字练习（写出给出汉字的编码）

儿＝（ ） 八＝（ ） 舟＝（ ） 用＝（ ） 手＝（ ）
斤＝（ ） 竹＝（ ） 方＝（ ） 广＝（ ） 文＝（ ）
六＝（ ） 辛＝（ ） 门＝（ ） 小＝（ ） 米＝（ ）
甲＝（ ） 囗＝（ ） 四＝（ ） 车＝（ ） 力＝（ ）
口＝（ ） 川＝（ ） 早＝（ ） 上＝（ ） 止＝（ ）
五＝（ ） 一＝（ ） 士＝（ ） 干＝（ ） 二＝（ ）
十＝（ ） 寸＝（ ） 雨＝（ ） 犬＝（ ） 古＝（ ）
石＝（ ） 三＝（ ） 厂＝（ ） 丁＝（ ） 西＝（ ）
七＝（ ） 弓＝（ ） 巴＝（ ） 马＝（ ） 刀＝（ ）
九＝（ ） 臼＝（ ） 了＝（ ） 也＝（ ） 耳＝（ ）
己＝（ ） 尸＝（ ） 心＝（ ） 羽＝（ ） 由＝（ ）
贝＝（ ） 几＝（ ）

九、简码输入

1. 一级简码练习

要＝（ ）＋空格 是＝（ ）＋空格 有＝（ ）＋空格
的＝（ ）＋空格 不＝（ ）＋空格 为＝（ ）＋空格
中＝（ ）＋空格 国＝（ ）＋空格 我＝（ ）＋空格
日＝（ ）＋空格 和＝（ ）＋空格 人＝（ ）＋空格
地＝（ ）＋空格 在＝（ ）＋空格 民＝（ ）＋空格
同＝（ ）＋空格 以＝（ ）＋空格 发＝（ ）＋空格
生＝（ ）＋空格 经＝（ ）＋空格 工＝（ ）＋空格
一＝（ ）＋空格 上＝（ ）＋空格 了＝（ ）＋空格

2. 二级简码练习

五=(　)(　)+空格　　林=(　)(　)+空格

笔=(　)(　)+空格　　化=(　)(　)+空格

计=(　)(　)+空格　　浊=(　)(　)+空格

几=(　)(　)+空格　　晨=(　)(　)+空格

这=(　)(　)+空格　　步=(　)(　)+空格

闰=(　)(　)+空格　　开=(　)(　)+空格

六=(　)(　)+空格　　坟=(　)(　)+空格

成=(　)(　)+空格　　赠=(　)(　)+空格

作=(　)(　)+空格　　爱=(　)(　)+空格

计=(　)(　)+空格　　枯=(　)(　)+空格

爱=(　)(　)+空格　　站=(　)(　)+空格

构=(　)(　)+空格　　下=(　)(　)+空格

困=(　)(　)+空格　　脂=(　)(　)+空格

肌=(　)(　)+空格　　玫=(　)(　)+空格

3. 三级简码练习

情=(　)(　)(　)+空格　　把=(　)(　)(　)+空格

眙=(　)(　)(　)+空格　　唤=(　)(　)(　)+空格

钦=(　)(　)(　)+空格　　摧=(　)(　)(　)+空格

盘=(　)(　)(　)+空格　　苄=(　)(　)(　)+空格

鹈=(　)(　)(　)+空格　　魂=(　)(　)(　)+空格

呓=(　)(　)(　)+空格　　缆=(　)(　)(　)+空格

佬=(　)(　)(　)+空格　　绷=(　)(　)(　)+空格

宏=(　)(　)(　)+空格　　绸=(　)(　)(　)+空格

栎=(　)(　)(　)+空格　　坪=(　)(　)(　)+空格

嵝=(　)(　)(　)+空格　　姓=(　)(　)(　)+空格

苈=(　)(　)(　)+空格　　喉=(　)(　)(　)+空格

验=(　)(　)(　)+空格　　怊=(　)(　)(　)+空格

帏=(　)(　)(　)+空格　　幸=(　)(　)(　)+空格

殃=(　)(　)(　)+空格　　嗳=(　)(　)(　)+空格

阼=(　)(　)(　)+空格　　镑=(　)(　)(　)+空格

十、词组练习

1. 二字词练习

经济＝（　）（　）（　）（　）　　生活＝（　）（　）（　）（　）

外流＝（　）（　）（　）（　）　　试车＝（　）（　）（　）（　）

克制＝（　）（　）（　）（　）　　树木＝（　）（　）（　）（　）

良心＝（　）（　）（　）（　）　　婚姻＝（　）（　）（　）（　）

智力＝（　）（　）（　）（　）　　眼下＝（　）（　）（　）（　）

上进＝（　）（　）（　）（　）　　深层＝（　）（　）（　）（　）

长寿＝（　）（　）（　）（　）　　希望＝（　）（　）（　）（　）

立即＝（　）（　）（　）（　）　　治病＝（　）（　）（　）（　）

参政＝（　）（　）（　）（　）　　长寿＝（　）（　）（　）（　）

2. 三字词练习

老古董＝（　）（　）（　）（　）　　通行证＝（　）（　）（　）（　）

出发点＝（　）（　）（　）（　）　　决心书＝（　）（　）（　）（　）

领导权＝（　）（　）（　）（　）　　那当然＝（　）（　）（　）（　）

夏威夷＝（　）（　）（　）（　）　　大老粗＝（　）（　）（　）（　）

交易额＝（　）（　）（　）（　）　　金质奖＝（　）（　）（　）（　）

柴油机＝（　）（　）（　）（　）　　左右手＝（　）（　）（　）（　）

德智体＝（　）（　）（　）（　）　　三角板＝（　）（　）（　）（　）

松花江＝（　）（　）（　）（　）　　小家伙＝（　）（　）（　）（　）

联欢会＝（　）（　）（　）（　）　　吃苦头＝（　）（　）（　）（　）

朝鲜族＝（　）（　）（　）（　）　　咖啡因＝（　）（　）（　）（　）

具体化＝（　）（　）（　）（　）

3. 四字词练习

争分夺秒＝（　）（　）（　）（　）

相辅相成＝（　）（　）（　）（　）

咄咄怪事＝（　）（　）（　）（　）

发达国家＝（　）（　）（　）（　）

同甘共苦＝（　）（　）（　）（　）

以理服人＝（　）（　）（　）（　）

安居乐业＝（　）（　）（　）（　）

南腔北调＝（　）（　）（　）（　）

海外侨胞＝（　）（　）（　）（　）

绝大多数＝（　）（　）（　）（　）

九霄云外＝（　）（　）（　）（　）

虚张声势＝（　）（　）（　）（　）

四化建设＝（　）（　）（　）（　）

粉身碎骨＝（　）（　）（　）（　）

毕恭毕敬＝（　）（　）（　）（　）

神机妙算＝（　）（　）（　）（　）

无孔不入＝（　）（　）（　）（　）

拭目以待＝（　）（　）（　）（　）

默默无闻＝（　）（　）（　）（　）

天罗地网＝（　）（　）（　）（　）

新华书店＝（　）（　）（　）（　）

内外交困＝（　）（　）（　）（　）

虚张声势＝（　）（　）（　）（　）

无足轻重＝（　）（　）（　）（　）

公共场所＝（　）（　）（　）（　）

运筹帷幄＝（　）（　）（　）（　）

4. 多字词练习

有志者事竟成＝（　）（　）（　）（　）

王码电脑公司＝（　）（　）（　）（　）

打破砂锅问到底＝（　）（　）（　）（　）

坚持改革开放＝（　）（　）（　）（　）

国务院总理＝（　）（　）（　）（　）

喜马拉雅山＝（　）（　）（　）（　）

百闻不如一见＝（　）（　）（　）（　）

一切从实际出发＝（　）（　）（　）（　）

中国共产党＝（　）（　）（　）（　）

广西壮族自治区＝（　）（　）（　）（　）

五笔字型电脑＝（　）（　）（　）（　）

汉字输入技术＝（　）（　）（　）（　）

中共中央总书记＝（　）（　）（　）（　）

中国人民解放军＝（　）（　）（　）（　）

快刀斩乱麻＝（　）（　）（　）（　）

毛泽东思想＝（　）（　）（　）（　）